당신는
건강
하십니까?

림형석 목사의 건강 설교집

당신은 건강 하십니까?

쿰란출판사

추천사

　우리 몸은 하나님께로 받은 성전이며, 우리 자신의 것이 아니라는 것을 성경은 분명히 말하고 있습니다. 우리에게 있어 건강을 지킨다는 의미는 비단 육신에 국한된 것이 아니라 몸과 마음과 영혼, 모두에 해당하는 전인적인 건강을 말하는 것입니다. 또 건강은 건강할 때 지키라는 말이 있듯이 우리가 매 순간 건강관리에 신경써야 하는 것은 영육의 건강 또한 하나님이 주신 선물이기 때문입니다. 이렇듯 건강을 지킨다는 것은 하나님의 성전을 맡은 자로서 세상과 구별하여 '거룩'하게 산다는 것이요, 청지기로서의 의무를 다하는 것입니다.

　이번 림형석 목사님의 설교집《당신은 건강하십니까?》는 성경의 원리에 충실한, 기본이 튼튼한 저서입니다. 이 책이 큰 유익을 가져다 줄 것이라고 믿는 것은 신앙적 진리와 지적 개념을 쉽게 풀이해주고 있을 뿐만 아니라 영과 육, 마음과 영혼, 전인적 건강의 연관성과 중요성을 알기 쉽게 설명하고 있기 때문입니다. 이와 함께 진리의 중요성을 드러내고, 인생의 목적과 '섬김과 나눔'으로 점철되는 성도의 삶이 무엇인지 분명히 가르치고 있다는 것이 장점이라고 말할 수 있습니다. 또한 설교집 속에서 발견되는 분석의 힘은 진리와 신앙의 의미

를 온전히 이해하지 못하고 살아가는 수많은 기독교인들에게 삶과 신앙의 영적 나침반으로 다가서게 될 것입니다.

변함없이 하나님의 진리를 붙들고 헌신해 온 림형석 목사님의 노력이 한 권의 책으로 나오게 된 것을 진심으로 축하드립니다. 이번 책《당신은 건강하십니까?》를 통해서 수많은 사람들이 다시금 영성을 회복하게 되고, 하나님의 사람으로서 신앙의 현장에 서게 될 것을 확신합니다. 이 시대를 살아가는 우리는 설교집 제목처럼《당신은 건강하십니까?》라는 질문에 하루하루 답하며 살아가야 합니다. 목사님의 헌신과 열정이 낳은 이 귀한 책이 한국교회의 귀한 자료가 될 뿐만이 아니라 많은 이들에게 은혜와 깊은 감동으로 전해지기를 진심으로 바랍니다.

2017년 2월 1일
김동엽 목사
(대한예수교장로회 증경총회장, 목민교회 담임)

추천사

림형석 목사는 오래 전 나와는 영락교회의 교육전도사로 섬겼고, 미국 유학시절에는 같은 지역에서 함께 목회와 공부로 인연을 맺었으며, 목회자의 가문에서 전통적인 목회수업의 내공을 쌓은 훌륭한 목회자이다. 그는 내부적으로는 변화와 혁신을 추구하며 지역사회와 더욱 밀착하고 소통하면서, 대외적으로는 다른 교회들과 더불어 살아가는 상생의 목회를 펼치고 있다.

그는 2012년부터 전도대행진, 기도대행진, 예배대행진, 말씀대행진을 통해 온 교회가 기도와 예배, 말씀 등을 통하여 은혜를 받고 전도할 수 있는 원동력을 얻어 교회의 역할을 감당할 수 있도록 힘을 다했다. 2015년에는 평촌교회가 창립 50주년의 역사에 감사하며 전반기에는 '봉사대행진', 하반기에는 '건강대행진'이 펼쳐졌다.

이 책은 건강대행진을 위해 성도들에게 선포한 설교이다. "샬롬을 회복하는 100일간의 건강대행진"이라는 표어로 진행된 건강대행진에서 저자는 설교를 통하여 건강대행진의 3가지를 강조하고 있다. 그것은 각각 영의 건강, 몸의 건강, 삶의 건강이다.

저자는 영의 건강은 하나님 앞에서 하나님의 말씀을 읽고, 묵상하며, 기도하는 영적 활동을 통해서 이루어질 수 있다고 말한다. 예루살렘 교회 성도들이 말씀을 배우고, 사랑으로 교제하고, 오로지 기도에 힘쓸 때, 세상이 감당할 수 없는 성도들이 된 것처럼, 오늘 우리에게 필요한 것은 영적 갱신을 통한 영적 부흥이다.

두 번째로, 저자는 몸의 건강을 위해서 세 차례(음식, 운동 휴식)를 설교하고 있다. 우리 몸은 하나님이 주신 선물이라는 사실을 잊지 않고, 건강한 음식을 먹고, 규칙적인 운동을 하고, 충분한 휴식을 취하여 하나님을 위해 섬기고 헌신하는 아름다운 도구가 되기를 강조한다.

세 번째로, 저자는 삶의 건강을 위해서, 가정 안에서 이루어지는 샬롬, 사랑과 감사의 삶에 대해 설교하고 있다. 가족에게 사랑을 실천하고, 이웃에게 사랑을 실천하고, 불신자에게 전도를 실천하는 건강대행진의 실천과제는 삶의 건강을 위한 구체적인 시도이다.

저자의 설교는 쉽고, 실천할 수 있는 항목들이 들어 있을 만큼 구체적이며, 설득력 있다. 세계보건기구(WHO)가 규정한 바에 따르면 건강은 조화로운 상태를 뜻한다. 최근의 화두는 교회성장보다 교회건강이다. 건강한 교회를 지향하는 시대, 피로사회를 살아가는 21세기 대한민국에서 영의 건강, 몸의 건강, 삶의 건강을 누리고자 소원하는 모든 이들에게 기쁜 마음으로 이 책을 추천한다.

2017년 2월 1일
이성희 목사
(대한예수교장로회 총회장, 연동교회 담임)

머리말

2015년 후반기에 제가 섬기는 평촌교회는 "샬롬을 회복하는 100일간의 건강대행진"을 진행했습니다. 건강대행진을 하기 몇 달 전에, 저희 교회 권사님 두 분이 돌아가셨습니다. 그 동안 건강하게 활동하던, 아직 50대의 비교적 젊은 권사님들이 갑작스럽게 돌아가시는 것을 보면서, 저를 비롯한 성도들은 상당히 충격을 받고, 건강에 관심을 가져야 되겠다는 생각을 하게 되었습니다.

성도님들의 기도제목을 보면, 건강문제가 아주 심각해지고 있습니다. 지금은 전보다 의술이 더 발달하였지만, 사람들의 라이프 스타일이나 식사 습관, 또 스트레스를 많이 받는 환경 등의 요인 때문에, 많은 이들이 건강에 문제를 가지고 있습니다. 또 평균 수명이 늘어나면서 그에 따른 만성질환이 늘어났습니다. 나이가 많아질수록 당뇨병, 고혈압, 관절염, 심장질환, 또는 치매, 우울증 같은 것들이 찾아오고, 의료비도 많아집니다. 이런 때일수록 교회가 건강문제를 다루어야 할 필요가 있습니다.

이 책에서 다루는 건강은 전인격적 차원을 말합니다. 우리는 몸과 혼과 영으로 구성되어 있습니다. 그래서 3위 1체적입니다. 우리의 몸은 정교하지만 연약하고, 상하기 쉽습니다. 우리의 혼은 정신적인 기능인데, 그것으로 우리가 결정을 내립니다. 우리의 영은 하나님과 교제하는 부분으로, "우리 속에 있는 진정한 나"이고, 영원한 존재입니다. 이 세 가지는 서로 밀접하게 연결되고, 서로에게 영향을 줍니다. 중요한 것은, 우리의 영이 살아서, 그 영이 우리의 혼과 몸을 지배해야 한다는 것입니다. 그 반대가 되면 큰 일입니다.

우리 교회에서는 성도들이 세 가지 건강에 힘쓰게 했습니다. '영의 건강, 몸의 건강, 삶의 건강'입니다. 먼저, 영적 건강을 위해서는 매일 경건의 시간을 가지면서, 성경을 읽고, 찬송하고, 기도하는 영적 생활을 힘쓰게 했습니다. 또 육신의 건강을 위해서는 ① 균형 있는 식사 ② 적당한 운동 ③ 충분한 휴식을, 마지막으로 삶의 건강을 위해서는 ① 가족에게 사랑 실천 ② 이웃에게 봉사 실천 ③ 안 믿는 이에게는 전도 실천을 했습니다.

우리 교회는 한국교회 최초로 건강대행진 가이드북을 제작하여

보급하였습니다. 가이드북을 통해 성도들이 매일매일 영과 몸과 삶의 건강을 체크하고 실행하게 했습니다. 그 결과 많은 성도들이 샬롬을 회복하였고, 전과는 다른 거룩한 삶을 살게 되었습니다.

이 책은 건강대행진 때 선포했던 설교들을 모은 것입니다. 제가 비록 건강 전문가는 아니지만, 이 설교들은 수많은 책들과 전문직 의사들의 조언을 통해 준비한 내용입니다. 이 책과 가이드북을 함께 사용하셔서 100일간의 건강여행을 하신다면, 일생에 가장 의미 있는 시간이 될 것이라고 기대합니다. 이 책을 읽는 모든 분들에게 영과 몸과 삶이 회복되는 전인적인 샬롬이 이루어지기를 간절히 기도합니다.

2017년 2월 1일
평촌교회 담임목사
림형석

목차

추천사 _ 김동엽 목사 대한예수교장로회 증경총회장, 목민교회 담임 004

이성희 목사 대한예수교장로회 총회장, 연동교회 담임 006

머리말 009

015 건강을 회복하십시오(요삼 1:1-8)

034 상처를 치유하시는 하나님(삼하 13:1-21)

051 성도님의 영은 건강하십니까?(행 2:42; 딤전 4:7-8)

067 성도님의 마음은 건강하십니까?(왕상 19:1-8)

086 성도님의 몸은 건강하십니까?_① 음식(고전 3:16-17, 10:23, 31)

099 성도님의 몸은 건강하십니까?_② 운동(딤전 4:8)

116	성도님의 몸은 건강하십니까?_③ 휴식(시 95:10-11)
132	감사하는 마음을 가지십시오(빌 4:4-9)
154	풍성한 삶을 사십시오(골 3:15-17)
173	아내에게 사랑을 실천하십시오(골 3:18-21)
193	남편에게 순종하십시오(골 3:18-21)
213	큰 것을 작게, 작은 것을 크게 하시는 하나님(슥 4:6-10)

건강을 회복하십시오

요한삼서 1:1-8

¹장로인 나는 사랑하는 가이오 곧 내가 참으로 사랑하는 자에게 편지하노라 ²사랑하는 자여 네 영혼이 잘됨 같이 네가 범사에 잘되고 강건하기를 내가 간구하노라 ³형제들이 와서 네게 있는 진리를 증언하되 네가 진리 안에서 행한다 하니 내가 심히 기뻐하노라 ⁴내가 내 자녀들이 진리 안에서 행한다 함을 듣는 것보다 더 기쁜 일이 없도다 ⁵사랑하는 자여 네가 무엇이든지 형제 곧 나그네 된 자들에게 행하는 것은 신실한 일이니 ⁶그들이 교회 앞에서 너의 사랑을 증언하였느니라 네가 하나님께 합당하게 그들을 전송하면 좋으리로다 ⁷이는 그들이 주의 이름을 위하여 나가서 이방인에게 아무것도 받지 아니함이라 ⁸그러므로 우리가 이같은 자들을 영접하는 것이 마땅하니 이는 우리로 진리를 위하여 함께 일하는 자가 되게 하려 함이라

2015년 후반기 봉사대행진은 건강대행진으로 진행하려고 합니다. 건강대행진의 표어를 "샬롬을 회복하는 100일간의 건강대행진"으로 정해 보았습니다. 금년이 우리 교회의 희년인데, 희년은 샬롬을 실현하는 해로서, 종살이하던 사람을 풀어주고, 땅도 돌려주고, 삶을 회복시켜 주는 해입니다. 그래서 표어를 "샬롬을 회복하는 100일간의 건강대행진"으로 정했습니다. 이 표어대로 우리 모두의 삶에 하나님의 샬롬이 회복되기를 소망합니다.

> 건강대행진의 내용은 3가지입니다.
> ① 영의 건강 ② 몸의 건강 ③ 삶의 건강

이 세 가지의 건강이 회복된다면 우리 모두에게 최고의 해가 되고 샬롬이 이루어지는 해가 될 것입니다.

우리 교회가 건강대행진을 가지게 된 것은 지금 건강이 좋지 않은 이들이 너무나 많기 때문입니다. 성도님들의 기도제목을 보면 건강문제가 아주 심각해지고 있습니다.

지금은 전보다 의술이 더 발달되었지만, 사람들의 생활방식이나 식사습관, 또 스트레스를 많이 받는 환경 등의 요인 때문에 많은 이들이 건강에 문제를 가지고 있습니다. 또 평균수명이 늘어나면서 그에 따른 만성질환이 늘어났습니다. 나이가 많아질수록, 당뇨병, 고혈압, 관절염, 심장질환, 또는 치매, 우울증 같은 것들이 찾아오고 의료비도 많아집니다.

혈관이 노화하면 협심증, 심근경색증 같은 심장질환이나, 뇌경색, 뇌출혈 같은 뇌혈관질환이 올 수 있습니다. 그래서 혈관의 노화를 막아야 하는데, 당뇨나 고혈압을 조심하고, 술 담배를 하지 않아야 합니다. 또 체중이 과체중이 되고, 지방성분이 많은 음식이나 밀가루 음식을 많이 먹으면 당뇨가 생기고, 고지혈증이 생겨서 혈관이 좁아지고 심혈관계 질환이 나타나게 됩니다.

나이가 많아질수록 관절염을 앓는 이가 많아집니다. 55세 이상 인구의 약 80%가 관절염을 앓고 있고, 75세 이상의 노인들은 거의 모두가 퇴행성관절염을 앓고 있다고 합니다. 퇴행성관절염을 예방하려면 평소에 과도한 활동을 하지 않고, 바닥에 앉기보다는 소파나 의자에 앉는 습관을 기르고, 쪼그려 빨래하거나 걸레질을 하지 않는 것이 좋습니다. 비만을 피하고, 다리근육을 강화하는 운동을 규칙적으로 해야 합니다.

그리고 뇌도 노화하기 때문에 나이가 많아질수록 뇌기능이 저하되고, 기억력이나 집중력, 정보처리 능력이 떨어지게 됩니다. 뇌의 노화를 방지하기 위해서는 무엇을 해야 합니까? 충분한 수면과 숙면을 취하고, 규칙적인 운동을 하고, 흡연과 과음을 피하고, 과도한 스트레스를 받지 않게 하고, 지적 활동을 꾸준하게 해야 한다고 합니다.

건강을 위해서는 다음의 세 가지를 잘해야 합니다.

① 균형 있는 식사를 해야 합니다.

흰 가루 3가지, 바로 설탕, 소금, 밀가루를 조심해야 합니다. 특히 밀가루는 비만 인구가 늘어나는 이유이며 내장지방의 원인이 됩니다. 밀가루의 글루텐이라는 성분은 밀가루 반죽을 쫄깃하게 만들고, 빵을 가볍고 푹신하게 만드는 역할을 합니다. 그런데 이 글루텐은 '글루텐 불내증'을 일으켜서 소화장애를 가져옵니다. 또 영양소를 흡수하지 못하게 해서 영양소 결핍증과 더불어 신경계, 면역계, 관절, 치아 등에 악영향을 준다고 합니다. 그리고 요즘 밀가루들은 유전자 조작으로 변형된 것이기 때문에 부정적인 영향을 줄 수도 있다고 합니다. 그러므로 건강하려면 균형 있는 식사를 해야 하는데, 과식을 하거나 기름기가 많은 음식이나 짜고 매운 음식을 조심하고, 야채나 과일을 많이 섭취하는 것이 좋습니다.

② 적당한 운동을 해야 합니다.

일주일에 2-3번은 걷거나 뛰는 운동을 하는 것이 좋습니다. 나이가 들수록 과격한 운동보다는 걷는 운동이 좋습니다. 그런데 걷기 시작한 후 30분까지는 탄수화물을 소비한다고 합니다. 이것도 유익하지만 30분 이상을 걸으면 지방을 소비하기 때문에 오래 걸을수록 몸무게 감소와 뱃살 빼는 데 도움이 되며, 당뇨, 고혈압, 고지혈증 등 성인병 예방과 치료에 도움이 됩니다.

걷는 운동은 혈관 안에 쌓인 찌꺼기를 청소하는 역할을 하기 때문에, 꾸준히 걷는 운동을 하면 혈액이 원활하게 흐르게 되고 혈관이 신축성을 찾게 되어 혈압이 낮아집니다. 걷는 운동은 유산소 운동으로 다리와 허리와 위장과 심장 등 온몸의 기능을 좋게 합니다. 그리고 스트레스, 불안감, 우울증을 감소시켜서 정신건강에도 도움이 된다고 합니다. 그래서 걷는 운동은 인간이 하는 운동 중에 가장 완벽에 가까운 운동이라고 합니다.

제러드 포글(Jared Fogl)은 샌드위치 체인점인 서브웨이(Subway)의 광고 모델입니다. 이 사람의 키는 183cm인데, 몸무게가 193kg이었습니다. 그런데 이 사람이 대학생일 때 한 해에 86kg을 줄였습니다. 처음에 그는 운동은 하지 않고 먹는 것만으로 몸무게를 줄였습니다. 그래서 몸무게가 136kg이 되었을 때, 그는 버스를 타는 대신 학교 교실까지 걸어가기 시작했습니다. 몸무게가 113kg이 되었을 때는 하루 종일 걸어다녔는데 하루 평균 약 2.5km를 걸었다고 합니다.

이 사람이 어떻게 먹었느냐 하면, 아침에는 커피를 마셨습니다. 점심에는 15cm의 Subway 터키 샌드위치를 먹으면서 야채를 많이 먹었습니다. 먹을 때 후추와 매운 겨자를 함께 먹었습니다. 그리고 마요네즈와 치즈는 빼고 먹었습니다. 그러면서 구운 감자칩과 다이어트 소프트드링크는 먹었습니다. 저녁으로는 30cm 길이의 야채 서브웨이 샌드위치를 먹었습니다. 그때 마요네즈와 치즈는 빼고 먹었습니다. 이 사람이 그렇게 먹어서 다이어트를 했다는 이야기를 기숙사에서 한 방을 썼던 친구가 대학신문에 실었는데, 그것을 Subway 회사에서 보고 그 사람을 광고모델로 쓰게 되었습니다.

제러드 포글의 이야기는 누구나 건강을 위해 노력할 수 있고, 노력하면 건강이 개선될 수 있다는 사실을 말해줍니다.

어떤 사람은 자기 건강을 너무 돌보지 않습니다. 자기 건강을 돌보지 않는 것은 아마 가장 어리석은 태도일 것입니다. 왜냐하면 건강을 잃어버리면 모든 것을 잃게 되기 때문입니다. 여러분, 건강은 건강할 때 지켜야 합니다. 동의하십니까? 건강은 한번 잃어버리면 그만큼 회복하기가 어려워집니다. 건강은 건강할 때 지키는 것이 좋습니다. 여러분은 건강할 때 건강을 잘 지키시기 바랍니다.

③ 충분한 휴식과 수면이 중요합니다.

어떤 사장이 보니, 종업원 한 사람이 몇 달 사이에 건강이 좋지 않아 보였습니다. 그 사람의 눈자위가 검게 되고, 볼이 홀쭉해지고, 얼굴빛이 칙칙해지고, 늘 피곤한 모습이었습니다. 그래서 사장이 물었습니다.

"자네, 요즘 잠을 잘 못 자나?"

그러자 그 사람이 말했습니다.

"저하고 한 방을 쓰는 친구하고 제가 교대로 불면증으로 고생하고 있습니다."

"교대로 불면증에 걸린다니? 그게 무슨 말인가?"

"예, 먼저 잠드는 사람이 다른 사람을 못 자게 만들고 있습니다."

그것을 사람들은 '코골이'라고 말합니다.

우리의 수면을 방해하는 것들이 많이 있습니다. 건강 문제, 삶의 걱정, 잘못된 식습관, 밤에 먹는 음식 등 때문에 숙면을 하지 못하게 됩니다. 건강을 위해서는 휴식이 필요합니다. 계속해서 수면이 부족하게 되면 건강에 문제가 생깁니다.

하루에 몇 시간을 자야 할까요? 보통은 8시간을 자야 한다고 합니다. 그러나 사람에 따라서 그보다 조금 더 자거나, 덜 잘 수 있는 사람이 있을 것입니다. 만일 여러분이 퇴근 후에 TV를 보다가 항상 잠이 든다면 수면이 부족한 것입니다. 개그 콘서트를 보는데도 잠이 들곤 한다면 여러분은 잠이 부족한 사람입니다.

마가복음 6장 31절을 보면, 너무나 많은 사람들이 예수님께 몰려들어서 예수님과 제자들은 식사할 시간도 없었습니다. 그때 예수님은 "너희는 따로 한적한 곳에 가서 잠깐 쉬어라"고 말씀하셨습니다.

우리의 몸은 기계가 아닙니다. 기계는 하루 24시간, 주 7일을 밤낮으로 일해도 끄떡없지만, 사람의 몸은 휴식이 필요합니다. 우리의 몸은 하나님의 창조물이기 때문에 매우 정교하고 신기하게 만들어졌습니다. 의사들이 심장이식 수술을 할 때, 떼어낸 심장을 다른 사람에게 이식하기까지 몇 시간 동안 냉장고에 보관합니다. 신기하지 않습니까? 또 사고로 부러진 뼈가 다시 붙고, 잃었던 감각들이 부지중에 다시 돌아옵니다.

사람의 몸은 놀라운 피조물입니다. 그래서 시편 139편 14절은 말합니다.

> "내가 주께 감사하오옴은 나를 지으심이 심히 기묘하심이라 주께서 하시는 일이 기이함을 내 영혼이 잘 아나이다"

우리의 몸이 신기하다면, 우리의 영과 혼은 더욱 신기한 피조물입니다. 우리는 몸과 혼과 영으로 구성되어 있습니다. 그래서 3위 1체적입니다. 우리의 몸은 정교하지만, 연약하고 상하기 쉽습니다. 우리의 혼은 정신적인 기능인데, 그것으로 우리가 결정을 내립니다. 우리의 영은 하나님과 교제하는 부분으로 우리 속에 있는 진정한 나이고, 영원한 존재입니다.

이 세 가지는 서로 밀접하게 연결되고, 서로에게 영향을 줍니다. 중요한 것은, 우리의 영이 살아서 그 영이 우리의 혼과 몸을 지배해야 한다는 것입니다. 그 반대가 되면 큰일입니다.

여러분, 매사에 부정적인 사람을 알고 계십니까? 이 사람은 모든 일에 불평이 많습니다. 왜 그럴까요? 그 이유는 이 사람은 영의 지배를 받는 사람이 아니라 자기 혼의 지배를 받기 때문입니다. 이 사람의 경우는 성령님에 의해 거듭난 영이 이 사람의 정신을 지배하는 것이 아니라, 이 사람의 타락한 정신이 이 사람의 영을 지배하도록 허용했기 때문에 자기의 생각대로 살아가는 사람입니다.

앞서 얘기했던 제러드 포글은 Subway 광고 모델이 되어서 유명해졌습니다. 그래서 그는 어려운 아이들을 도와주는 자선단체를 설립했습니다. 그러나 결과적으로 이 사람은 완전히 실패하고 말았습니다. 그는 9세의 미성년자와 성매매를 하고, 어린이 포르노를 소지한 죄로 체포되어서 재판에 넘겨졌습니다. 그의 자선회사는 수입 중에 일부분만을 자선사업에 사용했기 때문에 주정부로부터 허가가 취소되었습니다. 그는 첫 번째 아내와 이혼하고 재혼을 했는데, 그 두 번째 아내로부터도 이혼소송을 당하였습니다.

여러분, 우리는 성령님이 주장하시는 삶을 살아야 합니다. 성령님이 우리를 이끌게 해 드려야 합니다. 우리의 타락한 정신이 우리의 육신을 지배하면 타락한 삶을 살 수밖에 없고, 그 인생에는 소망이 없습니다. 그러나 우리의 거듭난 영이 우리의 마음과 정신을 지배하고 우리의 육신을 주장하면 우리는 온전한 삶을 살게 됩니다.

본문 말씀인 요한삼서 1장 2절을 보면, 사도 요한이 사랑하는 '가이오'라는 이에게 편지하면서, 그를 축복하는 기도를 하고 있습니다.

> "사랑하는 자여 네 영혼이 잘됨 같이 네가 범사에 잘되고 강건하기를 내가 간구하노라"

사도 요한은 3가지를 위해 기도했습니다.

① **먼저는, 영혼이 잘되기를 간구합니다.**
영혼이 잘되어 있지 않은 사람은 하나님을 잘 알지고 못하고, 믿지도 못하고, 섬기지도 못하고, 사랑하지도 못합니다. 영혼은 하나님과 교제하는 부분인데, 영혼이 잘되지 못하면, 하나님을 모르기 때문에, 신앙생활을 제대로 할 수가 없습니다. 그러기에 하나님은 우리를 부르셔서 잃어버린 하나님의 형상을 회복하게 하시고, 우리의 자발적인 찬양과 경배를 받으십니다. 먼저 우리의 영혼이 잘되어야 하나님과의 온전한 교제를 이루어 나갈 수가 있습니다.

② 범사가 잘되기를 기도했습니다.

하나님은 우리의 범사가 잘되기를 원하십니다. 그런데 영혼이 잘됨 같이 범사가 잘되어야 합니다. 영혼이 잘되는 것 위에 범사가 잘되어야 합니다. 영혼이 잘되면, 범사가 잘될 때에, 그것이 누구 때문인지를 알게 될 것입니다.

③ 강건하기를 간구했습니다.

하나님은 우리가 강건하기를 원하십니다. 이것 역시 영혼이 잘되는 것과 연결되어 있습니다. 우리의 영과 혼과 육은 서로 연결되어 있습니다. 우리의 육신이 고통을 겪을 때, 정신적으로도 약해지고, 신앙생활에도 낙심이 오게 됩니다. 그러나 육신이 약한 중에 하나님께 부르짖으면, 하나님의 은혜로 다시 삶의 용기를 가지게 되고, 하나님의 은혜로 육신의 병이 나을 수 있게 됩니다.

하나님은 치유하시는 하나님입니다. 어떤 때는 성도가 간절히 기도할 때, 하나님께서 치료의 광선을 발하셔서 병을 고쳐주시고, 그로 인해 신앙이 성장하게 하십니다. 어떤 사람은 몸은 건강하지만, 영혼이 잘 되지 못한 사람들이 있는데, 그런 경우에는 그 육신의 건강이 무의미하고, 건강한 육신으로 세속적인 삶을 살게 될 것입니다. 그러므로 우리의 영혼이 잘되고, 범사가 잘되고, 강건한 삶이 되어야 온전한 축복이라고 할 수 있습니다.

여러분은 모두 이 세 가지의 축복을 받으시기 바랍니다. 여러분의 영혼이 잘되고, 범사가 잘되고, 건강하시기를 주님의 이름으로 축원합니다.

어떻게 우리가 이런 복을 받을 수가 있습니까? 오늘 본문을 보면 몇 가지의 비결이 있습니다.

1. 기도하는 것입니다(2절)

2절에서 사도 요한은 가이오를 위해 기도하고 있습니다. 우리가 다른 사람을 위해서 해 줄 수 있는 가장 귀한 사역이 기도의 사역일 것입니다.

어떤 부인이 남편의 건강을 많이 염려하고 있었습니다. 왜냐하면 그 남편은 운동하는 일에 별로 관심이 없고, 음식을 조심해서 먹지도 않고, 자기 건강에 대해 별로 신경을 쓰지 않았기 때문입니다.

이 부인 자신이 건강이 좋지 않고 약한 편이었기 때문에, 건강에 대해 관심이 많았습니다. 그래서 남편에게 기회 있을 때마다 건강에 대해서 자기가 알고 있는 것을 이야기하고, 건강에 대한 좋은 글이나 잡지를 보여주기도 했습니다.

그래도 남편이 별 반응이 없자, 이 부인은 이제 좀 더 노골적으로 말하기 시작했습니다. "당신은 나를 과부로 만들고 싶어요? 나는 과부가 되기 싫어요" 하며 사정을 하기도 하고, 어떤 때는 화를 내기도

했지만, 남편에게는 마이동풍(馬耳東風)이었습니다. 그 남편은 건강을 위해서 아무런 노력도 하지 않았습니다.

어느 날 이 부인은 이런 생각을 했습니다. '내가 남편에게 자꾸 잔소리를 해 보아야 남편이 귀담아 듣지도 않고 효과도 없으니, 내가 이 문제를 위해 기도하는 것이 어떨까!'

그래서 하나님께 남편의 건강을 위해 기도하기 시작했습니다. 남편이 자기 건강을 위해서 좀 더 노력하게 해 주시고, 정기적으로 열심히 운동을 하고 싶은 마음이 일어나게 해 달라고 기도했습니다. 몇 달 동안 그 문제를 위해서 기도했습니다. 이 부인은 자기가 기도하고 있는 것을 남편에게는 알리지 않고, 그냥 혼자서 기도를 했습니다.

그런데 몇 달이 지난 어느 날 아침에 다른 방에서 소리가 들려오는데, 가서 보니까 남편이 러닝머신 위에서 걷고 있었습니다. 아내는 너무나 놀랐습니다. 그러나 그 남편에게 "당신 운동하라고 내가 기도해 왔어요"라고 말하지 않았습니다. 아내는 아무 말도 하지 않았습니다. 그냥 남편에게 "당신 운동하는 모습이 너무나 보기 좋다"라고만 말해 주었습니다.

그 남편은 일주일에 3일을 러닝머신에서 운동을 하고, 또 아령이나 역기를 들어서 근력운동도 꾸준히 하니까 본인이 느끼기에도 확실히 건강이 좋아진 것을 알 수 있다고 하면서 '진작에 운동할 걸 그랬다'고 말했습니다. 아내는 "그것 보라고, 그래서 내가 전에 자꾸 운동하라고 하지 않았느냐?"고 말하지 않았습니다. 그냥 웃으면서 남편을 격려해 주었습니다.

여러분, 우리가 건강을 위해서 노력해야 하지만, 열심히 운동하고, 음식을 조심하고, 적당히 휴식한다고 해서 건강이 보장되는 것은 아닙니다. 아무리 노력을 해도 병에 걸릴 수 있습니다.

유전적으로 약한 체질을 가지고 있을 수 있습니다. 유전적으로 물려받는 질병이 있을 수 있습니다. 또 우리가 알지도 못하는 사이에 메르스와 같은 안 좋은 병균에 노출될 수 있습니다. 또는 사고를 만날 수도 있습니다.

우리의 노력으로도 건강을 유지할 수 없는 경우가 있기 때문에, 하나님의 치유하시는 은혜를 위해 기도해야 합니다. 그러니까 우리는 두 가지를 위해 다 힘써야 합니다.

우리는 우리 자신의 몸을 잘 돌보면서, 하나님의 치유를 위해 기도해야 합니다. 내가 내 몸을 잘 돌보는 것은 내가 할 일입니다. 그러나 하나님께 우리의 치유를 위해 기도할 때, 하나님이 하나님의 일을 하십니다. 이 두 가지가 모두 중요합니다.

여러분, 우리가 노력을 했음에도 불구하고, 또는 충분히 노력을 하지 못해서 병에 걸렸을 때는, 두 가지를 잘해야 합니다.

첫째로, 의사의 도움을 받아야 합니다. 의사는 질병에 관한 한 전문가입니다. 의술 역시 하나님이 주신 과학입니다. 어떤 이들은 의사의 말을 듣지 않고 풍문을 듣기를 좋아합니다. 뭘 먹으면 좋다더라, 포도를 먹으면 좋다더라, 지렁이를 먹으면 좋다더라 등등 확실한 근거도 없는 말을 좇아갑니다.

이런 이야기가 있습니다. 사실은 유머입니다.

어떤 사람이 무슨 병인지 모르게 아프기 시작했습니다. 그래서 의사를 찾아갔습니다. 그런데 진찰을 하더니 큰 병원에 가보라고 했습니다. 큰 병원에 가서 검사를 받고 의사를 만났는데 의사가 "좀 좋은 소식이 있고, 좀 나쁜 소식이 있습니다"라고 말했습니다. 환자가 "좋은 소식을 먼저 말씀해 주십시오" 하니, 의사가 말했습니다.

"이 병은 선생님의 이름으로 명명될 것입니다."

희귀병이라는 말이지요.

여러분, 병에 걸리면 가능한 한 빨리 의사에게 찾아가서 진단을 받고 도움을 받아야 합니다. 아프면 의사의 말을 잘 들어야 합니다. 그러나 의사라고 다 병을 고치는 것이 아닙니다. 수술한다고 병이 다 낫는 것이 아닙니다. 병을 근본적으로 고쳐 주시는 분은 하나님이십니다. 성경에 하나님은 치료하시는 하나님, 여호와 라파의 하나님이시라고 했습니다.

둘째로, 우리는 건강을 위해서 하나님께 기도해야 합니다.

우리가 병에 걸리기 전에는 건강을 위한 좋은 습관을 가지게 해 주시고, 하나님이 기뻐하시는 절제된 삶을 살 수 있게 해 달라고 기도해야 합니다. 그리고 병에 걸린 다음에는 하나님께서 내 병을 치료해 달라고 기도해야 합니다.

우리는 타락한 존재이고, 또 살다 보면 우리의 몸이 병의 침입을 당할 수 있기 때문에 하나님은 만병의 의원이신 예수님을 보내 주셨습니다. 예수님은 우리의 연약한 것을 친히 담당하시고 병을 짊어지신 분입니다(마 8:17). 복음서를 보면 예수님께서 수많은 사람들의 병을 고쳐주셨습니다. 예수님은 오늘도 성령님을 통해서 우리의 병을 고쳐주십니다.

> "너희 중에 고난 당하는 자가 있느냐 그는 기도할 것이요 즐거워하는 자가 있느냐 그는 찬송할지니라 너희 중에 병든 자가 있느냐 그는 교회의 장로들을 청할 것이요 그들은 주의 이름으로 기름을 바르며 그를 위하여 기도할지니라 믿음의 기도는 병든 자를 구원하리니 주께서 그를 일으키시리라 혹시 죄를 범하였을지라도 사하심을 받으리라 그러므로 너희 죄를 서로 고백하며 병이 낫기를 위하여 서로 기도하라 의인의 간구는 역사하는 힘이 크니라"(약 5:13-16).

하나님은 기도하는 자의 병을 고쳐주십니다. 그리고 우리가 다른 사람의 병을 위해 기도할 때 응답해 주십니다. 다른 사람을 위한 기도는 이타적인 기도이고 사랑의 기도이기 때문에 하나님께서 더욱 빨리 응답해 주십니다.

2. 진리를 따라 행해야 합니다(3-4절).

우리가 하나님께 복을 받으려면 먼저 우리 영혼이 잘되어야 합니다. 그러기 위해서는 우리가 하나님의 말씀을 믿음으로 받아들이고 그 말씀의 진리 안에서 행해야 합니다. 진리 안에서 행하는 것이 무엇입니까? 우리는 타락한 세상에서 살고 있습니다. 이 세상에서 우리는 여러 가지 인생의 사실들을 만납니다. 가난, 고난, 질병, 죽음을 만납니다. 그것들은 인생의 사실들입니다. 그러나 사실과 진리는 다릅니다.

우리가 아픈 것은 사실입니다. 그러나 하나님의 말씀의 진리는 하나님께서 우리를 건강으로 인도하신다는 말씀입니다. 인생의 사실은 우리가 돈이 없다는 것입니다. 그러나 진리는 하나님은 우리의 모든 필요한 것을 공급하시는 분이라고 말합니다. 인생의 사실은 우리가 고난을 당하는 것입니다. 그러나 진리는 "우리를 사랑하시는 이로 인해 우리가 넉넉히 이긴다"는 것입니다.

우리는 삶의 여러 가지 사실에도 불구하고, 하나님의 축복을 선언하며 나아가야 합니다. 믿음은 하나님의 진리를 세상의 사실보다 더 믿는 것입니다.

미국에서 제일 큰 교회의 담임목사인 조엘 오스틴(Joel Osteen) 목사님은 《Your Life Now(당신의 현재의 삶)》이라는 책에서 대형 디젤 트럭 정비소에서 일하는 한 정비사에 대해 이야기합니다.

그 사람은 그 직장에서 일하는 것이 쉽지 않았다고 했습니다. 크리스천인 그는 퇴근 후에 다른 사람들과 어울려서 파티에 가지 않았기 때문에 항상 놀림을 당했습니다. 해가 거듭될수록 그는 온갖 종류의 불이익을 당해야 했습니다. 그는 그 회사의 정비사 중에 최고의 기술자였습니다. 그러나 그의 관리자(수퍼바이저)가 그를 싫어했기 때문에 7년 동안 봉급이 한 푼도 안 올라갔고 한 번도 보너스를 받아보지 못했습니다.

이 사람은 점점 불만이 많아져서, 직장을 그만둘 수도 있었을 것입니다. 그러나 그는 항상 자기의 최선을 다했습니다. 그는 열심히 일하면서, 자기는 수퍼바이저를 위해 일하는 것이 아니라 하나님을 위해 일한다고 생각했습니다.

그런데 어느 날 갑자기 그 회사의 CEO가 그를 불렀습니다. CEO는 그 작업장에서 일하지 않기 때문에, 그 정비사는 한 번도 그를 만난 적이 없었습니다. 그런데 그가 말하기를 "이제 나는 은퇴를 앞두고 내 사업을 운영할 사람을 찾고 있는데 당신이 이 회사를 운영했으면 좋겠네"라고 말했습니다.

"사장님, 저는 이 회사를 살 돈이 없습니다."

"아니, 자네는 내 말 뜻을 잘 모르구만. 자네는 돈이 필요 없네. 돈은 내가 가지고 있지. 나는 내 회사를 물려받을 사람을 찾고 있었네. 내가 시작한 이 회사를 계속 운영해 나갈 믿을 만한 사람을 찾고 있었지. 나는 이 회사를 자네에게 주려는 것이네."

지금은 그 정비사가 그 회사의 CEO가 되었습니다. 조엘 오스틴 목사님은 그 사람에게 "어떻게 사장님이 당신을 부르게 되었을까요?" 하고 물어보았습니다. 그러자 그는 "사실은 잘 모르겠다"고 하면서, "분명한 것은, 제가 하룻밤 사이에 가장 낮은 자리에서 그 회사의 전체를 주관하는 사람이 된 것이고, 이제는 회사에서 저를 놀리는 사람은 아무도 없습니다"라고 말했습니다.

우리가 복을 받으려면 어떤 상황에서도 말씀의 진리를 따라 행해야 합니다. 하나님을 신뢰하고 말씀대로 살면 하나님이 우리를 높여 주실 것입니다.

3. 사랑을 실천해야 합니다(5-8절).

여기 보면 가이오가 나그네를 잘 대접한 일에 대해 칭찬하고 격려하는 말씀을 합니다. 사도 요한이 일하던 시기에는 순회전도자들이 많이 활동하고 있었는데, 그 당시에는 오늘과 같은 숙박시설이 없었기 때문에, 그들을 잘 영접하고 환대하는 것은 단순히 선한 일이 아니라 복음의 진보를 위해 꼭 필요한 일이었습니다. 그런데 가이오는 많은 순회전도자들을 환대하였고 그들이 큰 감동을 받아서 그런 사실을 사도 요한에게 보고한 것입니다.

하나님은 가이오처럼 진리를 위해 일하는 자들을 환대하고 그들과 더불어 동역자로 협력하는 사람을 기뻐하십니다. 주님을 위해 일하는 자를 영접할 때 그는 진리를 위해 일하는 자가 됩니다.

여러분, 여기에서 사도 요한이 말한 세 가지 기도가 우리가 건강대행진에서 하려는 것입니다.

① 영혼이 잘되는 것은 영의 건강입니다.

② 강건한 것은 몸의 건강입니다.

③ 범사가 잘되는 것은 삶의 건강입니다.

첫째, 영적 건강을 위해서는 매일 경건의 시간을 가지면서, 성경을 읽고, 찬송하고, 기도하는 영적 생활을 해야 합니다.

둘째, 육신의 건강을 위해서는 ① 균형 있는 식사 ② 적당한 운동 ③ 충분한 휴식을 가져야 합니다.

셋째, 삶의 건강을 위해서는 ① 가족에게 사랑 실천 ② 이웃에게 봉사 실천 ③ 안 믿는 이에게는 전도 실천을 해야 합니다.

우리의 삶은 하나님을 사랑하고, 이웃을 사랑하는 삶으로 요약됩니다. 하나님을 사랑하는 것은 영적 생활이고, 가족과 이웃을 사랑하는 것은 봉사생활이고, 믿지 않는 이들을 사랑하는 것은 전도생활입니다. 영적 생활, 봉사생활, 전도생활, 이것이 희년에 우리가 힘쓰려는 것입니다.

하나님의 은혜로 건강대행진이 은혜롭게 진행되어서 영의 건강, 몸의 건강, 삶의 건강이 회복되는 축복을 받으시기를 주님의 이름으로 축원합니다.

상처를 치유하시는 하나님

사무엘하 13:1-21

¹그 후에 이 일이 있으니라 다윗의 아들 압살롬에게 아름다운 누이가 있으니 이름은 다말이라 다윗의 다른 아들 암논이 그를 사랑하나 ²그는 처녀이므로 어찌할 수 없는 줄을 알고 암논이 그의 누이 다말 때문에 울화로 말미암아 병이 되니라 ³암논에게 요나답이라 하는 친구가 있으니 그는 다윗의 형 시므아의 아들이요 심히 간교한 자라 ⁴그가 암논에게 이르되 왕자여 당신은 어찌하여 나날이 이렇게 파리하여 가느냐 내게 말해 주지 아니하겠느냐 하니 암논이 말하되 내가 아우 압살롬의 누이 다말을 사랑함이니라 하니라 ⁵요나답이 그에게 이르되 침상에 누워 병든 체하다가 네 아버지가 너를 보러 오거든 너는 그에게 말하기를 원하건대 내 누이 다말이 와서 내게 떡을 먹이되 내가 보는 데에서 떡을 차려 그의 손으로 먹여 주게 하옵소서 하라 하니 ⁶암논이 곧 누워 병든 체하다가 왕이 와서 그를 볼 때에 암논이 왕께 아뢰되 원하건대 내 누이 다말이 와서 내가 보는 데에서 과자 두어 개를 만들어 그의 손으로 내게 먹여 주게 하옵소서 하니 ⁷다

윗이 사람을 그의 집으로 보내 다말에게 이르되 이제 네 오라버니 암논의 집으로 가서 그를 위하여 음식을 차리라 한지라 [8]다말이 그 오라버니 암논의 집에 이르매 그가 누웠더라 다말이 밀가루를 가지고 반죽하여 그가 보는 데서 과자를 만들고 그 과자를 굽고 [9]그 냄비를 가져다가 그 앞에 쏟아 놓아도 암논이 먹기를 거절하고 암논이 이르되 모든 사람을 내게서 나가게 하라 하니 다 그를 떠나 나가니라 [10]암논이 다말에게 이르되 음식물을 가지고 침실로 들어오라 내가 네 손에서 먹으리라 하니 다말이 자기가 만든 과자를 가지고 침실에 들어가 그의 오라버니 암논에게 이르러 [11]그에게 먹이려고 가까이 가지고 갈 때에 암논이 그를 붙잡고 그에게 이르되 나의 누이야 와서 나와 동침하자 하는지라 [12]그가 그에게 대답하되 아니라 내 오라버니여 나를 욕되게 하지 말라 이런 일은 이스라엘에서 마땅히 행하지 못할 것이니 이 어리석은 일을 행하지 말라 [13]내가 이 수치를 지니고 어디로 가겠느냐 너도 이스라엘에서 어리석은 자 중의 하나가 되리라 이제 청하건대 왕께 말하라 그가 나를 네게 주기를 거절하지 아니하시리라 하되 [14]암논이 그 말을 듣지 아니하고 다말보다 힘이 세므로 억지로 그와 동침하니라 [15]그리하고 암논이 그를 심히 미워하니 이제 미워하는 미움이 전에 사랑하던 사랑보다 더한지라 암논이 그에게 이르되 일어나 가라 하니 [16]다말이 그에게 이르되 옳지 아니하다 나를 쫓아보내는 이 큰 악은 아까 내게 행한 그 악보다 더하다 하되 암논이 그를 듣지 아니하고 [17]그가 부리는 종을 불러 이르되 이 계집을 내게서 이제 내보내고 곧 문빗장을 지르라 하니 [18]암논의 하인이 그를 끌어내고 곧 문빗장을 지르니라 다말이 채색옷을 입었으니 출가하지 아니한 공주는 이런 옷으로 단장하는 법이라 [19]다말이 재를 자기의 머리에 덮어쓰고 그의 채색옷을 찢고 손을 머리 위에 얹고 가서 크게 울부짖으니라 [20]그의 오라버니 압살롬이 그에게 이르되 네 오라버니 암논이 너와 함께 있었느냐 그러나 그는 네 오라버니이니 누이야 지금은 잠잠히 있고 이것으로 말미암아 근심하지 말라 하니라 이에 다말이 그의 오라버니 압살롬의 집에 있어 처량하게 지내니라 [21]다윗 왕이 이 모든 일을 듣고 심히 노하니라 본문 말씀은 성경에서 가장 비극적인 이야기 중의 하나입니다.

다말은 종려나무라는 뜻입니다. 종려나무는 봄과 여름에 메마른 땅에서 높이 자라는 나무입니다. 가을이 되어 다른 나무들은 잎이 다 떨어져도 종려나무 잎은 떨어지지 않습니다. 겨울의 찬바람이 불어와도 종려나무는 그 푸른빛을 잃지 않고 고고하게 서 있습니다.

다말은 생존자입니다. 여자가 강간을 당한다는 것이 얼마나 끔찍한 경험인지 저는 짐작조차 할 수 없습니다. 우리는 그런 이들을 동정합니다. 그러나 그런 폭력을 당하는 이의 아픔은 다른 사람은 도저히 이해할 수 없을 것입니다.

그리고 암논은 악한 인간입니다. 그는 잔인하게 자기의 여동생을 강간했습니다. 그는 여동생의 자존감을 짓밟고, 그녀의 미래와 인생을 파괴했습니다. 그는 나뭇가지를 꺾어버리듯이 여동생의 여성성을 꺾어버렸습니다. 다말이 오빠의 방으로 들어갈 때는 앞길이 창창한 처녀였는데, 순식간에 그녀는 고통으로 인해 피를 흘리며 떨고 울부짖게 되었습니다.

영화 '베테랑'은 세상에 무서울 것 없는 대기업 재벌 3세 조태오가 밀린 임금 400만 원을 받겠다고 본사 앞에서 시위하는 트럭운전수를 자기 사무실로 불러들여서 때리고 결국에는 죽게 한 뒤에 자살인 것처럼 위장한 것을 수사해나가는 이야기입니다.

영화에 나오는 조태오는 정말 악한 인간입니다. 무엇이든지 돈으로 무마하려고 하는 안하무인의 캐릭터입니다. 자기밖에 모르고, 여자를 헌신짝처럼 버리고, 마약을 하고, 아랫사람을 무자비하게 꺾어버립니다.

　암논이 그런 사람이었습니다. 암논은 다윗 왕의 장남이었습니다. 암논은 아버지의 신앙은 배우지 못하고, 아버지의 실수만을 배웠습니다. 아버지 다윗은 자기의 실수가 있어서 그랬는지는 모르겠지만 자식이 잘못을 해도 꾸지람하지 않고 그냥 넘어갔습니다. 그것이 자식을 망치게 만들었습니다.

　여러분, 우리는 자식을 키울 때, 어릴 때부터 철저하게 신앙인으로 자라게 해야 합니다. 어렸을 때 바로 잡아주지 못하면 커서는 통제할 수가 없습니다. 자식을 혼내라는 말이 아니라, 부모가 신앙의 본을 보이면서 자녀에게 분명한 신앙적인 기준을 가르쳐주어야 합니다.

　'비행소년을 만드는 12가지의 법칙'이라는 글이 있어서 소개합니다.

첫째, 갓난아기 때부터 아이가 원하는 것을 다 주어라. 그렇게 키우면, 아이는 자라서 온 세상이 자기를 도와주어야 한다고 생각할 것이다.
둘째, 아이가 저속한 말을 할 때 웃어 주어라. 그러면 이 아이는 자기가 똑똑하나고 생각할 것이다.
셋째, 아이에게 절대로 신앙을 강요하지 말고, 21살이 되었을 때 자기가 선택하게 하라.
넷째, 아이에게 절대 '네가 잘못했다'고 말하지 말라. 그러면 죄책감을 가질 수 있다. 아이에게 잘못했다고 말하지 않으면, 나중에 잘못한 일로 체포되었을 때, 세상이 나에게 등을 돌렸고 나는 박해받고 있다고 생각할 것이다.

다섯째, 아이가 집에서 흘린 것들을 대신 주워 주어라. 모든 일을 대신해서 다 해주면 그는 모든 책임을 다른 사람에게 돌리는 사람이 될 것이다.

여섯째, 아이에게 인쇄된 모든 글을 읽게 하라. 아이가 쓸 은수저와 물 컵은 깨끗이 소독하면서 아이의 마음은 더러운 것들로 채워지게 만들 것이다.

일곱째, 아이가 있는 곳에서 종종 부부 싸움을 하라. 그러면 나중에 이혼을 하더라도 아이가 큰 충격은 받지 않을 것이다.

여덟째, 아이에게 원하는 용돈을 다 주어라. 그러면 그 아이는 자기 힘으로는 절대 돈을 벌지 않을 것이다.

아홉째, 아이가 원하는 음식이나 드링크나 오락은 다 즐기게 하라. 모든 욕구를 다 채워주고 금하지 말라.

열째, 이웃이나 선생님이나 경찰관 편을 들지 말고, 아이의 편을 들라. 그들은 모두 아이에 대해 편견을 가진 사람들로 취급하라.

열한째, 아이가 문제를 일으키면 스스로 자책하면서 '나는 아이에게 해 줄 수 있는 것이 아무것도 없었어. 어쩔 수 없는 일이야'라고 생각하라.

열두째, 당신은 후회스런 삶을 준비하라. 당신은 그런 삶을 살게 될 것이다.

여러분, 자식을 훈계하는 것이 힘이 듭니까? 지금 훈계하지 않으면, 이 다음에 더 힘든 시간을 가지게 될 것입니다.

암논의 모습을 보면, 사탄이 얼마나 하나님의 자녀를 파멸시키려고 하는지를 보게 됩니다. 사탄은 여러분을 파멸시키려고 계획을 세웁니다. 그는 악의적인 시선으로 여러분을 쳐다보고 있습니다. 사탄은 치밀하고 끈질깁니다. 그는 공격할 기회를 노리고 있습니다. 사탄은 사람을 이용합니다. 사탄은 우리의 마음에 욕망을 넣어서 그 욕망 때문에 말도 안 되는 일을 하게 만듭니다.

여러분, 혹시 여러분에게 그런 일이 있었습니까? 여러분의 인생을 바꾸어 놓는 그런 불행한 일이 있었습니까? 그래도 여러분은 종려나무와 같이 살아남았습니다. 그러나 여러분은 그 일이 있기 전으로는 돌아갈 수 없다는 것을 알고 있습니다. 그날 이후 여러분은 꺾여졌습니다. 그리고 여러분 자신을 똑바로 세우지 못합니다. 여러분은 소리도 지르고, 노래하고, 웃기도 합니다. 사람들과 어울립니다. 그러나 아무도 보지 않을 때, 여러분은 아직 떨고 있습니다. 어떤 때는 울면서 고통의 피를 흘리고 있습니다. 사람들은 여러분의 고통을 모르고, 그 고통을 이해하지 못합니다.

다말은 곤경에 빠졌습니다. 가장 나쁜 것은, 암논이 다말을 겁탈한 후에 다말을 버린 것입니다. 암논은 다말을 다시 보는 것도 원하지 않았습니다. 그는 자기 이복누이의 인생을 망쳐 놓았습니다. 그녀의 미래를 망칠 뿐 아니라, 그녀의 인격과 자존심까지 짓밟아 놓았습니다. 그녀의 용모를 영원히 바꾸어 놓았습니다. 그래 놓고서는 다말을 원하지도 않았습니다.

그것은 사랑이 아니었습니다. 욕정이었습니다. 사랑은 주는 것입니다. 욕정은 받으려고 합니다. 사랑은 섬깁니다. 욕정은 이용합니다. 사랑은 상대편의 입장을 생각합니다. 욕정은 내 입장만 생각합니다. 내 욕구만 채우면 그만입니다.

암논이 반항하는 다말을 겁탈하고 자기 욕심을 채운 순간은 잠깐이었을 것입니다. 10분, 5분, 그것도 안 되었을 것입니다. 그러나 그 결과는 비참했습니다. 그는 패륜아가 되었습니다. 그는 하나님 앞에서는 범죄자가 되었습니다. 그리고 그 일로 결국 죽음을 맞이했습니다.

다말은 암논에게 말했습니다.

"나를 쫓아 보내는 이 큰 악은 아까 내게 행한 그 악보다 더하다" (삼하 13:16).

나를 겁탈한 일도 끔찍한 일이었지만, 나를 원하지 않는 것은 더 끔찍한 일이라는 것입니다. 사람이 거부당할 때, 그의 자존감과 값어치가 파멸됩니다.

여러분, 우리도 그런 경우를 만날 때가 있습니다. 사랑하는 사람이 우리를 외면하고 떠나갈 때 우리는 고통을 느낍니다. 나와 가장 가까운 사람으로부터 버림을 받을 때 남은 인생에서 사람을 만날 자신이 없어집니다. 그리고 우리가 세상에서 살아가는 동안 차별과 학대를 겪을 때가 있습니다.

뉴스를 보니, 이주 여성들이 가정폭력 피해를 받고 있다는 기사가 실렸습니다. 모든 이주 여성이 그렇지는 않겠지만, 쉼터에 들어온 이주 여성들 남편들의 절반 이상이 정신장애나 알코올 중독의 문제를 가지고 있고, 남편이 독립적으로 가족생활과 생계를 유지할 능력이 없기 때문에, 이주 여성은 남편의 뒷바라지를 떠맡고 시집에 종속되어서 가정폭력에 노출될 위험이 높다고 했습니다.

그들은 바깥출입을 금지당하고, 한국어 공부와 취업도 못하게 해서 고립적인 삶을 살아가는 경우가 많다고 했습니다. 우리가 한국 사람으로 살아가면서도 차별을 받고 억울한 일을 만날 때가 많은데, 이주 여성의 경우에는 그런 일이 많이 있을 것입니다.

다말은 암논에게 버림 받을 때에 암논에게 애원했습니다.

"나를 버리지 마세요. 내가 이 수치를 가지고 어디를 가겠어요. 왕에게 말하면 왕이 허락하실 것입니다."

그러나 암논은 종을 불러서 "이 계집을 내게서 이제 내보내고 곧 문빗장을 지르라"고 했습니다. "암논이 다말을 심히 미워하니 그 미워하는 마음이 전에 사랑하던 사랑보다 더하였다"고 했습니다. 암논은 다말을 사랑한 것이 아니었습니다.

여러분, 세상에는 사랑을 빙자해서 사람을 착취하고 이용하는 자들이 많이 있습니다. 그런 유혹에 넘어가서는 안 됩니다.

"이제 아내와 이혼하고 당신하고 결혼해 줄 테니까, 조금만 기다려."

그런 말에 속지 마세요. 그 말도 거짓말이지만, 결혼해 준다고 해도 그 가족들 가슴에 못을 박고 하나님 앞에서 범죄자가 되는 일입니다.

하인은 다말을 끌어내고 문빗장을 질렀습니다. 다말은 문 밖에 던져졌습니다. 다말은 슬피 울었습니다. 문은 잠겼고, 다말은 어디로 가야 할지를 몰랐습니다. 다말은 채색 옷을 입고 있었습니다. 채색 옷은 그녀가 처녀임을 보여주는 옷이었고, 그녀의 미래를 보여주는 옷이었습니다. 어느 날엔가 그녀는 그 옷을 미래의 남편에게 주려고 했던 옷입니다. 그런데 다말은 문 밖에 앉아서 그 옷을 찢었습니다.

"이제 나는 미래가 없어. 오빠는 내 몸만 빼앗은 것이 아니야. 나의 미래를 망쳐 버렸어. 내 자존심과 가치까지 다 짓밟아 버렸어."

여러분, 우리가 살아가는 동안 억울한 일을 만날 때가 있습니다. 가정에서, 직장에서, 학교에서, 육체적으로나 정서적으로 학대를 경험합니다. 그래도 우리는 살아남지만, 우리의 자존심은 자꾸만 상실됩니다. 고통스러웠던 경험에 대한 기억은 계속해서 우리를 괴롭힙니다. 우리는 어떻게 다시 일어나서 앞으로 나아가야 할지 자신이 없습니다.

그런데 여러분, 상처받은 사람들에게 주시는 성령님의 부르심이 있습니다. 주님은 우리에게 "내가 너를 원한다"고 말씀하십니다. 암논과 같은 수많은 사람들이 우리에게 "나는 너를 원하지 않는다"고 말했더라도, 하나님은 "나는 너를 원한단다. 나는 네가 고통스런 일을 경험하는 것을 보았고, 그 이후의 너의 모습을 보았다. 나는 너의 추한 모습도 보았다. 그래도 나는 너를 원한다"라고 말씀하십니다. 하나님은 마음을 바꾸지 않으십니다. 하나님의 사랑은 영원한 사랑입니다.

누가복음 13장에서 예수님이 안식일에 회당으로 들어가셨을 때, 18년간 몸이 구부러져 있는 여인을 보셨습니다. 예수님은 그 여인을 부르시고 말씀하셨습니다. 그 회당 안에는 정상적인 사람들이 많이 있었습니다. 그러나 예수님은 다른 사람은 부르시지 않고, 저 뒤에 앉아 있는 등이 구부러진 여인을 부르셨습니다. 예수님은 어디를 가시든지 그곳에 있는 환자들과 상처받은 사람들을 부르셨습니다.

그 여인은 깜짝 놀랐을 것입니다. "예수님이 나를 부르셨다. 그분이 나를 원하셨다. 나는 상하고 초라한 몰골인데, 그분이 나를 부르셨다. 내 인생은 고통이 많고, 한이 많은 인생인데, 그분이 나를 부르셨다." 아마 그 여인은 아무도 나에게 관심을 가지는 사람이 없을 거라고 생각했을 것입니다. 그런데 예수님이 그를 부르시고, 그녀의 인생을 바꾸어 주셨습니다.

그녀는 자기의 삶이 회복되려면 상당한 시간이 필요할 것이라고 생각했을 것입니다. 그녀는 장애인이었습니다. 그녀의 삶은 불안정했습니다. 해결해야 할 문제가 많았습니다. 그러나 예수님이 그녀에게 안수해 주실 때 모든 것이 달라졌습니다.

예수님은 만나는 모든 사람들을 고쳐주셨습니다. 누가복음 18장을 보면 예수님을 향해서 "다윗의 자손이여 나를 불쌍히 여기소서"라고 외쳤습니다. 이에 예수님께서는 가던 길을 멈추시고 "그를 불러오라"고 하셨습니다. 예수님께서 그에게 "네게 무엇을 하여 주기를 원하느냐?"라고 물으실 때, 그 사람은 "주여, 보기를 원하나이다"라고 대답했습니다. 그때 예수님께서 "네 믿음이 너를 구원하였느니라"고 말씀하실 때, 그는 즉시 앞을 보게 되었습니다. 그때 그 광경을 보는 모든 사람들이 하나님께 영광을 돌리며 하나님을 찬양했습니다.

여러분, 우리도 육신적으로, 정서적으로, 관계적으로 맹인이 될 때가 있습니다. 그런데 주님은 우리의 문제를 알고 계시고, 우리의 고통을 보고 계십니다. 주님은 오래 전에 우리에게 일어난 일을 알고 계십니다. 또는 10년 전에, 1년 전에, 며칠 전에 일어난 일을 알고 계십니다. 주님은 탕자의 아버지처럼, 우리가 하나님께로 돌아오기를 기다리고 계십니다.

주님은 그 여인을 고쳐주셨습니다. 그리고 왜 그녀가 오랫동안 그런 고통을 겪어야 했는지, 앞으로 그녀는 어떤 사람이 될지를 알게 해 주셨습니다.

예수님은 그녀에게 말씀했습니다.

"이제 내가 너에게 알려줄 것이 있다. 이것은 다른 사람은 아무도 모르는 너와 나 사이의 비밀이다. 암논도 모르고, 네가 사랑했던 사람도 모르고, 너를 학대했던 사람도 모르는 것이다. 이제 너는 왕이신 하나님의 자녀이다. 너의 아버지는 만왕의 왕이시다."

그녀는 예수님 앞에 섰습니다. 18년 만에 처음으로 똑바로 섰습니다.

여러분이 주님 앞으로 나올 때, 주님은 주님의 힘으로 우리가 바로 설 수 있는 힘을 주십니다. 이제 여러분은 주님 앞에 소중한 사람입니다. 하나님이 주신 치유 때문에 우리는 더 이상 과거의 그때에 살지 않고 지금 현재에 사는 법을 배우게 됩니다.

여러분, 그때는 그때이고, 지금은 지금입니다. 여러분이 과거에 아무리 힘든 일을 경험했더라도, 그때는 그때이고, 지금은 지금입니다.

여러분이 어떤 일로 상처를 받았든지 간에 이제 주님의 이름으로 상처받은 분들에게 선포합니다. 이 시간 하나님의 치유하시는 은혜가 여러분의 심령에 임하심을 믿으시기 바랍니다. 하나님께서 여러분을 다시 회복시키실 것입니다. 여러분의 영혼과 육신을 회복시켜 주실 것입니다. 여러분의 삶이 다시 세워질 것입니다. 전능하시고 영원하신 하나님께서 여러분에게 승리를 주실 것입니다. 하나님께서 여러분의 자존감을 회복시켜주시고, 왕이신 하나님의 자녀로 살게 하실 것입니다. 그렇게 믿으시기 바랍니다.

우리가 할 일은 믿음으로 하나님의 치유하시는 은혜를 받아들이는 것입니다. 하나님은 치유하시는 하나님입니다. 우리의 영을 치유하시고, 우리의 몸을 치유하시고, 우리의 삶을 치유하시는 하나님입니다. 하나님의 영이 임하시면, 하나님의 치유가 임합니다. 힘으로도 되지 않고, 능력으로도 되지 않고, 오직 나의 영으로 된다고 하셨습니다(슥 4:6).

이제 우리는 하나님 앞에 나와서, 성령님이 내 안에서 역사하시도록, 나를 내어드려야 합니다. 그러면 성령님께서 우리를 은혜의 자리로 인도하실 것입니다.

다말은 버려졌습니다. 다말은 비참하고 고독했습니다. 그러나 친오빠인 압살롬이 그녀를 자기 집으로 데리고 갔습니다.

우리도 어떤 때 문 밖에 버려집니다. 아무데도 갈 데가 없습니다. 우리 마음은 분하고 억울하고 비참해집니다. 그러나 하나님은 압살롬을 보내셔서 다말을 회복시켜 주셨습니다. 여러분, 그것이 하나님께서 교회를 허락하신 이유입니다. 압살롬이 한 일이 바로 교회가 하는 일입니다. 교회는 누구나 상한 심령이 와서 치유받고, 구원받고, 주님이 주시는 자유를 누리는 곳입니다.

예수님은 말씀하셨습니다.

> 눅 4:18-19 "주의 성령이 내게 임하셨으니 이는 가난한 자에게 복음을 전하게 하시려고 내게 기름을 부으시고 나를 보내사 포로 된 자에게 자유를, 눈 먼 자에게 다시 보게 함을 전파하며 눌린 자를 자유롭게 하고 주의 은혜의 해를 전파하게 하려 하심이라"

이 말씀은 이사야 61장 1절 말씀인데, 2-3절을 보면 '그때 모든 슬픈 자가 위로받고, 그 슬픔 대신에 기쁨을 주시고, 근심 대신에 찬송의 옷을 입게 하신다'고 말씀했습니다.

마음에 상처를 받은 사람은 기쁨을 잃어버립니다. 그러나 주님은 우리의 삶에 기쁨을 회복시켜 주십니다. 주님은 우리의 고통과 아픔을 이해하시고 동정하십니다. 주님은 다른 사람의 손에 학대를 받는 것이 어떤 것인지를 잘 아십니다.

그러나 이제 주님은 우리의 삶의 근심 대신에 찬송의 옷을 입혀주십니다. 이제 우리는 손을 들어서 하나님을 찬양할 수 있습니다. 과거에 우리가 어떤 고난을 겪었든지, 과거에 우리가 누구에게 학대를 받았든지, 이제 우리는 고개를 들고 하나님을 찬양할 수 있습니다.

여러분이 자라날 때 부모님으로부터 학대를 받았을지 모릅니다. 말로, 정신적으로, 성적으로 학대를 받았을지 모릅니다. 또는 형제에게, 또는 친구로부터, 또는 선생님으로부터, 또는 남편으로부터 아내로부터 학대를 받았을지 모릅니다. 이제 다 잊어버리십시오. 여러분은 여러분이 지나온 길은 바꿀 수 없지만, 여러분이 앞으로 갈 길은 얼마든지 바꿀 수 있습니다.

이제 우리는 하나님의 자녀입니다. 왕이신 하나님의 자녀입니다. 하나님이 우리를 위해 영원한 천국을 준비해 놓으셨습니다. 하나님이 우리의 나아가는 길을 인도하십니다.

> 시 24:9-10 "문들아 너희 머리를 들지어다 영원한 문들아 들릴지어다 영광의 왕이 들어가시리로다 영광의 왕이 누구시냐 만군의 여호와께서 곧 영광의 왕이시로다 셀라"

과거에 부끄러운 죄가 있었습니까? 그것도 하나님께 아뢰십시오.

➪ 사 1:18 "오라 우리가 서로 변론하자 너희의 죄가 주홍 같을지라도 눈과 같이 희어질 것이요 진홍 같이 붉을지라도 양털 같이 희게 되리라"

주님은 죄가 없으셨습니다. 그러나 우리가 받는 시험을 다 받으셨습니다. 주님은 우리를 동정하시고, 우리의 죄를 용서해 주십니다. 성령님은 상처받은 사람들을 주님께로 부르십니다. 그리고 주님은 그들을 치유하시고 회복해주십니다.

사람들이 어떻게 예수님께 나아올 수 있습니까? 우리는 그리스도의 몸인 교회로 나올 때, 교회를 통해서 주님의 치유를 경험할 수 있습니다. 우리는 교회에서 하나님의 말씀을 듣습니다. 우리는 교회에서 신령한 은혜를 받습니다. 우리는 교회에서 서로의 짐을 지면서, 함께 치유를 위해 기도합니다. 영의 건강, 몸의 건강, 삶의 건강이 임하시기를 주님의 이름으로 축복합니다.

믿음의 시제가 셋 있습니다. 나사로가 죽었을 때 마르다가 말했습니다.

"주께서 여기 계셨더라면 내 오라버니가 죽지 아니하였겠나이다."

이것은 과거적인 믿음입니다. 과거에 그랬으면 좋았겠다는 것입니다. 그때 예수님이 대답하셨습니다.

"나사로는 다시 살아나리라."

이것은 미래적인 믿음입니다. 이 다음에 있을 일에 대한 믿음입니다다. 마르다는 말했습니다.

"그러나 나는 이제라도 주께서 무엇이든지 하나님께 구하는 것을 하나님이 주실 줄을 아나이다."

이것이 현재적인 믿음이고, 오늘 우리가 가질 믿음입니다.

여러분이 과거에 어떤 일을 겪었든지, 또 지금 어떤 일을 겪고 있든지, 하나님은 지금 우리를 다시 살리실 능력을 가지고 계십니다. 이것이 현재적인 믿음입니다.

다말과 같이 우리 모두는 생존자들입니다. 우리는 우리의 생존을 기뻐해야 합니다. 지난날의 비극을 슬퍼하는 대신에 오늘 하나님이 주시는 승리를 기뻐하고 하나님께 감사의 찬송을 드려야 합니다. 이제 여러분은 지난날의 상처를 주님의 보혈로 씻어버리고 새로운 삶으로 나아가십시오. 과거의 폭풍우 속에서 나와서 미래의 밝은 태양빛으로 나아가십시오.

부모로서 자녀에게 해 줄 수 있는 가장 좋은 것이 자녀를 안아주는 것입니다. 우리는 자녀의 삶에 다 개입할 수도 없고, 그들의 문제를 다 해결해 줄 수도 없습니다. 다른 아이들이 우리 자녀를 잘 도와주라고 요구할 수도 없고, 직장 상사가 우리 자녀에게 잘하라고 요구할 수도 없습니다.

우리가 할 수 있는 일은 우리 자녀를 안아주는 것입니다. 힘내라고, 용기를 내라고 안아주는 것입니다. 상처를 딛고 생존한 생존자로서 서로를 안아주는 것입니다. 가장 좋은 간호사는 자신이 환자였던 사람일 것입니다. 그런 간호사는 환자를 이해하고 동정해 줍니다.

사랑이 풍성하신 하나님,
우리가 사랑하는 성도들을 안아주는 자가 되게 하옵소서. 주님이 우리를 안아 주시옵소서. 그리고 사랑하는 성도들에게 '힘내라, 용기를 내라, 내가 너와 함께 있다'고 말씀하여 주시옵소서.
지난날 우리의 상처를 이기고 생존할 수 있도록 도와주셔서 감사합니다. 이제는 생존만 하는 것이 아니라, 회복하게 하시고, 온전하게 하시고 승리하게 하옵소서.
건강대행진을 통해서 우리 모두가 영의 건강과 몸의 건강과 삶의 건강을 회복하게 하여 주시옵소서. 주님의 귀하신 이름으로 기도드리옵나이다. 아멘.

성도님의 영은 건강하십니까?

사도행전 2:42; 디모데전서 4:7-8

⁴²그들이 사도의 가르침을 받아 서로 교제하고 떡을 떼며 오로지 기도하기를 힘쓰니라

⁷망령되고 허탄한 신화를 버리고 경건에 이르도록 네 자신을 연단하라 ⁸육체의 연단은 약간의 유익이 있으나 경건은 범사에 유익하니 금생과 내생에 약속이 있느니라

우리의 삶에는 회복이 필요합니다. 모든 사람에게는 회복이 필요합니다. 우리가 불완전한 이 세상을 살다 보면 여러 가지 삶의 문제와 위기를 만납니다. 질병, 실직, 부채, 갈등, 심리적 장애 등 많은 어

려움을 겪게 됩니다. 그리고 그런 어려움들은 우리에게 지난날에 대한 후회와 아픔, 상처를 남겨 놓습니다.

그런 지난날에 대한 후회 중의 하나가 죄책감입니다. 죄책감은 우리를 자꾸만 과거로 끌고 갑니다. 죄책감은 우리 자신을 정죄합니다. 우리는 스스로 생각합니다. '괜찮아, 그건 다 지나간 일이야. 괜찮아. 다른 사람도 다 그렇게 해.' 그렇게 스스로를 합리화해도, 자기의 마음은 '그것은 잘못이었다'고 정죄하고 있습니다. 죄책감을 가진 사람은 자신감이 없어집니다. '만일 누군가 그 사실을 알게 된다면, 나를 거부할 거야. 나는 망신을 당할 거야'라고 생각하며 염려하고 두려워합니다.

《셜록 홈즈》의 작가인 아서 코난 도일 경은 장난기가 많은 사람이었다고 합니다. 어느 날 그는 영국의 최고 저명 인물 다섯 명에게 장난을 쳤습니다. 그는 "모든 것이 발각되었다. 즉시 피신하시오"라는 익명의 편지를 보냈습니다. 그랬더니 그 다섯 명이 모두 24시간 내에 국외로 탈출했다고 합니다.

죄책감은 자신감을 상실하게 만듭니다. 그리고 죄책감은 우리를 과거에 매여 살게 만듭니다. 여러분, 어떤 사람은 자꾸만 과거를 생각하고, 과거에 무엇이 잘못되었는지에만 관심을 가집니다. 과거에 매여 살아가는 것은 마치 백미러만을 보며 운전하는 것과 같습니다. 물론 백미러는 가끔 사용할 수 있습니다. 그러나 항상 과거만 바라보고 있으면 현재의 삶을 살 수 없습니다.

앞 유리창보다 백미러가 더 큰 차를 운전하는 것을 상상해 보세요. 많은 사람이 그렇게 하고 있습니다. 그들은 과거에 매여서 현재의 삶을 살아가지 못합니다. 그런데 자꾸만 과거에 초점을 맞추면 과거의 삶이 반복되기가 쉽습니다.

많은 사람이 죄책감에 시달리다가 병에 걸립니다. 심리학자들은 병원에 입원해 있는 환자들의 죄책감을 해소시켜준다면, 그 중에 70%가 퇴원할 것이라고 말합니다. 그 말은 영적인 문제가 그렇게 중요하다는 말일 것입니다.

건강대행진에서 우리가 추구하는 건강이 3가지인데요, 그 3가지가 무엇입니까? ① 영의 건강 ② 몸의 건강 ③ 삶의 건강입니다.

오늘은 이 세 가지 중에 영의 건강에 대해 생각해 보려고 합니다.

여러분, 우리가 건강을 유지하기 위해서 잘해야 하는 것이 건강진단입니다. 웬일인지 건강진단을 받는 것을 꺼리는 사람들이 있습니다. 혹 건강진단을 받다가 병이라도 발견될까봐 염려가 되어서 병원에 가지를 않습니다.

그러나 건강진단을 받는 것은 중요합니다. 왜냐하면 많은 병들이 자각증상이 없이 시작되기 때문입니다. 지난 주간 동안 우리 교회에서 두 분이 암 판정을 받았습니다. 그 중의 한 분은 전혀 자각증상이 없었는데 벌써 췌장암이 많이 진행되었다는 판정을 받았습니다.

여러분, 건강진단을 정기적으로 받으십시오. 지난 주일 오후 찬양예배 시간에 간단한 건강강의를 듣고 있는데, 지난주에 말씀하신 내과의사 집사님이 그 말씀을 하셨습니다. 건강진단을 정기적으로 받는 것이 중요합니다.

그런데 영적 건강을 위해서도 건강진단을 자주 받아야 합니다. 우리는 가장 위대한 의원이 되시는 주님 앞에 수시로 나아가서 영적 건강진단을 받아야 합니다. 그래서 오늘 말씀의 제목을 "성도님은 영적으로 건강하십니까?"라고 정했습니다. 어떻습니까? 여러분은 영적으로 얼마나 건강한 삶을 살고 계십니까?

우리가 건강한 삶을 살기 위해서는 세 가지가 중요합니다.
첫째는, 균형 잡힌 식사를 해서 필요한 에너지를 얻는 것입니다.
둘째는, 규칙적인 운동을 해서 근육을 키우고, 심장혈관 조직을 건강하게 유지하는 것입니다.
셋째는, 적절한 휴식을 취해서 몸이 너무 피곤하지 않게 하는 것입니다.

> 딤전 4:7-8 "망령되고 허탄한 신화를 버리고 경건에 이르도록 네 자신을 연단하라 육체의 연단은 약간의 유익이 있으나 경건은 범사에 유익하니 금생과 내생에 약속이 있느니라"

7절 말씀을 필립스 성경은 이렇게 번역했습니다.
"시간을 내어서 영적인 운동에 힘쓰십시오."
그러니까 몸의 운동을 하는 것이 유익하고, 그보다 더 유익한 것은 영적인 운동을 하는 것이라는 말입니다. 어떻게 하면 영적인 운동을 할 수 있습니까? 영적인 운동에는 세 단계가 있습니다.

1. 영적인 양식의 섭취

영적인 운동의 첫 번째 단계는, 적절한 영적인 양식을 섭취하는 것입니다. 우리의 몸이 매일 적절한 음식을 섭취해야 되는 것처럼, 우리의 영도 매일 적절한 영적인 음식을 섭취해야 합니다. 마태복음 4장 4절에서 예수님께서 말씀하셨습니다.

> "기록되었으되 사람이 떡으로만 살 것이 아니요 하나님의 입으로부터 나오는 모든 말씀으로 살 것이라 하였느니라"

이 말은 사람은 단지 몸만을 가진 존재가 아니라는 것입니다. 사람은 육신적인 존재이면서 동시에 영적인 존재입니다. 우리의 육신이 양식을 섭취해야 하는 것처럼, 우리의 영도 양식을 섭취해야 합니다.

구약성경 출애굽기 16장을 보면, 이스라엘 백성들이 애굽에서 나와서 약속의 땅으로 들어가기까지 40년 동안 광야생활을 할 때에 하나님께서 기적적으로 이스라엘 백성들에게 양식을 주신 일을 말씀합니다. 그 양식을 만나 또는 하늘에서 내려온 양식이라고 불렀는데, 그 만나에는 몇 가지 규정이 있었습니다.

① 매일 아침마다 그날 먹을 것을 거두었습니다.

② 그 양식은 그날 다 먹어야 했습니다. 만일 다음날 아침까지 남겨두면 벌레가 나고 냄새가 났습니다.

③ 여섯째 날에는 안식일에 먹을 것까지 갑절을 거두어드릴 수 있었습니다.

신약성경 요한복음 6장 48절 이하에서 예수님은 이 만나에 대해 언급하셨습니다.

> 요 6:48-51 "내가 곧 생명의 떡이니라 너희 조상들은 광야에서 만나를 먹었어도 죽었거니와 이는 하늘에서 내려오는 떡이니 사람으로 하여금 먹고 죽지 아니하게 하는 것이니라 나는 하늘에서 내려온 살아 있는 떡이니 사람이 이 떡을 먹으면 영생하리라 내가 줄 떡은 곧 세상의 생명을 위한 내 살이니라 하시니라"

예수님의 말씀을 요약하면,

① 나는 하늘에서 내려온 생명의 떡, 곧 만나라는 것입니다.

② 이 떡을 먹는 사람은 누구든지 영원히 살 것입니다.

③ 이 떡은 세상을 죄에서 구원하기 위해서 주시는 주님의 몸입니다.

어떻게 우리가 예수님이 주시는 몸을 먹을 수 있습니까?

1. 먼저는 예수님이 하늘로부터 오신 하나님이시고, 그가 죽으시고, 장사되시고, 부활하신 것을 믿는 것입니다.

2. 그리스도를 우리의 삶에 모셔 들이는 것입니다. 그것이 그의 몸에 참여하는 성찬식입니다.

3. 매일 주님의 말씀, 성경을 읽는 것입니다.

이 세 가지가 다 중요하지만, 오늘 아침 우리가 주목할 것은 세 번째, 영적인 양식을 섭취하는 것입니다. 우리는 매일매일 하나님의 말씀으로 우리의 심령을 채워야 합니다.

욥은 말했습니다.

⇨ 욥 23:12 "내가 그의 입술의 명령을 어기지 아니하고 정한 음식보다 그의 입의 말씀을 귀히 여겼도다"

예레미야는 말했습니다.

⇨ 렘 15:16 "만군의 하나님 여호와시여 나는 주의 이름으로 일컬음을 받는 자라 내가 주의 말씀을 얻어먹었사오니 주의 말씀은 내게 기쁨과 내 마음의 즐거움이오나"

다윗은 말했습니다.

⇨ 시 119:103 "주의 말씀의 맛이 내게 어찌 그리 단지요 내 입에 꿀보다 더 다니이다"

히브리서 기자는 말합니다.

> 히 4:12 "하나님의 말씀은 살아 있고 활력이 있어 좌우에 날선 어떤 검보다도 예리하여 혼과 영과 및 관절과 골수를 찔러 쪼개기까지 하며 또 마음의 생각과 뜻을 판단하나니"

여러분, 하나님의 말씀을 읽을 때, 믿음으로 받아들이면, 그것이 우리의 영을 위한 양식입니다. 하나님의 말씀은 세상의 그 어떤 오락이나 가르침보다 비교할 수 없이 좋은, 살아 계신 하나님의 말씀입니다.

우리가 낙심될 때, 말씀이 우리를 일으켜줍니다. 우리가 길을 잃어버릴 때, 말씀이 우리에게 하나님의 길을 가르쳐줍니다. 우리가 두려워할 때, 말씀이 우리에게 용기를 줍니다. 우리가 연약해질 때, 말씀이 우리를 강하게 합니다. 우리가 상처를 받았을 때, 말씀이 우리를 치유해 합니다.

언제 우리가 하나님의 말씀을 받으면 좋을까요? 아침시간이 좋을 것입니다. 여러분, 아침식사를 하십니까? 아침식사가 참 중요하다고 합니다. 많은 연구에 의하면, 아침식사가 학습능력과 주의력과 일반적인 행복지수에 긍정적인 영향을 미친다고 합니다. 다이어트를 할 때도 아침을 먹으면 몸무게를 더 쉽게 줄일 수 있다고 합니다. 아침을 규칙적으로 먹는 아이들이 더 빨리 생각하고, 더 명석한 사고를 가지고, 문제를 더 쉽게 해결하고, 화도 덜 낸다고 합니다.

제가 이야기하려는 것은 영의 양식을 취하는 시간도 아침이 좋다는 것입니다. 여러분은 아침에 일찍 일어나서 무엇을 하십니까? 신문을 읽습니까? 인터넷에 들어갑니까? 스포츠 기사를 보고, 강정호가 홈런을 쳤는지를 검색합니까? 여러분, 피츠버그팀에서 뛰는 강정호 선수가 홈런을 15개를 치든지 20개를 치든지 그게 우리 자신과는 큰 상관이 없는 일입니다.

우리나라 기자가 피츠버그 관중들에게 인터뷰를 하면서 강정호 선수에게 하고 싶은 질문들을 받아서 질문을 했습니다. 그런데 인터뷰를 한 사람 가운데 어떤 미국 목사님이 "신앙에 대해 어떻게 생각하느냐?"고 물었습니다.

그 질문에 대해 강정호 선수는 "나는 나를 믿기 때문에 종교가 필요없다"고 대답했습니다. 제가 강정호 선수를 무척 좋아했는데, 그 말 때문에 강 선수를 싫어하지는 않겠지만 일어나자마자 메이저리그 야구를 볼 마음은 없어졌습니다.

여러분의 첫 시간을 하나님을 만나는 시간으로 정하십시오. 여러분이 다른 사람을 만나기 전에, 다른 무엇을 하기 전에, 제일 먼저 하나님을 만나십시오. 일어나자마자 하나님의 말씀을 읽고, 기도하고, 하나님을 찬양하십시오. 그것이 여러분의 영을 건강하게 만들어 줄 것입니다.

2. 규칙적인 영적 운동

영적인 운동의 두 번째 단계는, 영적인 건강을 위해서는 규칙적으로 영적인 운동을 해야 합니다. 믿음은 근육과 같습니다. 근육이 만들어지려면 근육을 사용하고 근육 운동을 해야 합니다. 그렇다면 믿음의 근육은 어떻게 만들어집니까? 몇 가지의 근육이 필요합니다.

먼저는 구원의 믿음입니다.

> 롬 1:17 "복음에는 하나님의 의가 나타나서 믿음으로 믿음에 이르게 하나니 기록된 바 오직 의인은 믿음으로 말미암아 살리라 함과 같으니라"

여러분, 우리가 구원받는 것은 오직 믿음으로 되는 일입니다. 어떤 이는 자기의 죄책감을 해소하기 위해, 착한 일을 많이 하고, 자기 수양을 하려고 합니다. 그러나 그런다고 우리의 죄가 없어지는 것이 아닙니다.

우리의 죄가 없어지려면, 내 죄를 대신 지고 십자가에서 죽으신 주님께 내 죄를 고백할 때, 주님의 보혈로 죄가 사해지는 것을 믿으시기 바랍니다. 구원은 우리의 행위로 얻는 것이 아니라, 믿음으로 얻는 것입니다.

그러므로 에베소서 2장 8-9절은 말합니다.

> "너희는 그 은혜에 의하여 믿음으로 말미암아 구원을 받았으니 이것은 너희에게서 난 것이 아니요 하나님의 선물이라 행위에서 난 것이 아니니 이는 누구든지 자랑하지 못하게 함이라"

구원은 우리의 행위로 얻을 수 있는 것이 아닙니다. 구원은 예수님의 십자가의 사역을 믿음으로만 얻을 수 있습니다. 그러기에 구원은 은혜이고 하나님의 선물입니다. 우리의 믿음은 하나님이 주시는 선물을 받아들이는 손입니다. 여러분, 믿음으로 하나님이 주시는 구원의 은혜를 받아들이시기 바랍니다. 구원의 믿음, 구원받는 믿음이 있어야 합니다. 그 믿음으로 신앙 안에 들어올 수가 있습니다.

그 다음에는 신앙인으로 살아가는 믿음이 필요합니다. 우리가 신앙인이 된 다음에도, 계속적인 믿음이 필요합니다. 왜냐하면 어떤 때는 우리의 삶이 매우 불확실해 보이기 때문입니다. 신앙인이 되었다고 항상 좋은 일만 일어나는 것은 아닙니다. 그래도 우리 신앙인은 계속해서 믿음으로 살아가야 합니다.

> 고후 5:7 "이는 우리가 믿음으로 행하고 보는 것으로 행하지 아니함이 로라"
> 히 11:1 "믿음은 바라는 것들의 실상이요 보이지 않는 것들의 증거니"

또 하나의 믿음은 일하는 믿음, 사역하는 믿음입니다. 로마서 12장 3절 이하를 보면, 우리는 그리스도 안에서 한 몸을 이룬 지체들이라고 하면서 은사에 따라 봉사할 일들을 말씀했습니다.

> 롬 12:6-8 "우리에게 주신 은혜대로 받은 은사가 각각 다르니 혹 예언이면 믿음의 분수대로, 혹 섬기는 일이면 섬기는 일로, 혹 가르치는 자면 가르치는 일로, 혹 위로하는 자면 위로하는 일로, 구제하는 자는 성실함으로, 다스리는 자는 부지런함으로, 긍휼을 베푸는 자는 즐거움으로 할 것이니라"

어떤 이는 성경에는 27가지의 은사가 기록되어 있다고 했습니다. 좀 더 넓게 생각하면 그보다 훨씬 많은 은사들이 있을 것입니다.

여러분, 우리의 믿음이 어릴 때에는 구원받는 믿음으로 감사하고 신앙인으로 살아가는 믿음이 귀하지만, 우리의 믿음이 더 성장하면 이제는 하나님을 위해서 일하는 믿음을 가져야 합니다. 그래야 하나님 앞에 설 때, 결산할 것이 있을 것입니다.

3. 영적인 갱신

영적인 운동의 세 번째 단계는, 영적인 갱신이 있어야 합니다. 영적인 갱신은 하나님 앞에서 새로워지는 것을 말합니다. 영적인 갱신을 위해서는 재충전하는 시간을 가져야 합니다. 때로는 좀 한가한 곳에 가서, 자신을 돌아보며 쉬는 것도 필요할 것입니다.

　엘리야가 탈진했을 때에, 하나님은 엘리야에게 먹을 것을 주시고, 잠을 자게 하셨습니다. 그때 엘리야는 새 힘을 얻어서 호렙 산에 이르러 새로운 사명을 받았습니다. 여러분, 우리가 피로를 회복할 수 있는 방법 중의 하나는 목욕을 하는 것입니다. 뜨끈한 물에 푹 몸을 담그고 때를 밀면 몸이 개운해집니다.

　영적으로도 마찬가지입니다. 영적인 갱신을 위해서는 때때로 영적인 목욕이 필요합니다. 주님이 우리를 청결하게 하시도록 우리 자신을 내어드려야 합니다. 그것이 바로 회개입니다.

　다윗은 시편 32편에서 자신의 죄를 참회하고 있습니다.

> 시 32:1-4 "허물의 사함을 받고 자신의 죄가 가려진 자는 복이 있도다 마음에 간사함이 없고 여호와께 정죄를 당하지 아니하는 자는 복이 있도다 내가 입을 열지 아니할 때에 종일 신음하므로 내 뼈가 쇠하였도다 주의 손이 주야로 나를 누르시오니 내 진액이 빠져서 여름 가뭄에 마름 같이 되었나이다(셀라)"

　다윗은 이스라엘의 성군이었습니다. 그의 이름은 신구약 성경에서 800번이나 나오고, "내 종 다윗의 정직함같이"라는 말이 여러 번 나옵니다. 하나님은 다윗을 정직하게 보셨습니다. 그렇다면 다윗의 정직함은 그의 행위가 온전하기 때문에 주어진 것입니까? 그것은 아니었습니다. 다윗의 행위에는 부정이 있었습니다. 그러나 다윗은 믿음에 정직하고, 회개에 정직하여, 하나님 앞에 정직한 사람이 될 수 있었습니다.

다윗은 회개하지 않을 때의 고통을 잘 아는 사람이었습니다. 그가 자신의 죄를 고백하지 않을 때에 '종일 신음하므로 내 뼈가 쇠하였다'고 말했습니다. 종일 신음하였다는 것은 양심의 고통을 느꼈다는 말입니다. 사람들 보기가 부끄러워지고 자신에게도 환멸을 느꼈습니다. 내 뼈가 쇠하였다는 것은 육체의 고통을 말합니다. 뼈마디가 쑤셔오는 것입니다. 죄책감이 육체의 고통으로 나타났습니다.

그러므로 회개의 기회를 주시는 것이 하나님의 은혜입니다. 어떤 사람은 사업이 실패해서, 어떤 이는 병 때문에 회개의 기회를 만납니다. 회개할 기회가 주어질 때 놓치지 말고 회개해야 합니다. 가룟 유다는 회개할 기회에도 회개하지 못했습니다. 뉘우치기는 했지만 하나님께로 완전히 돌이키고 회개하지 못했습니다.

하나님이 다윗에게 나단 선지자를 보내신 것은 하나님의 은총이었습니다. 다윗이 혼자서는 회개하기가 어려웠습니다. 뉘우치고 괴로워했지만 왕의 체면이 있어서 회개하지 못하고 있었습니다. 그런데 나단 선지자가 와서 책망할 때 회개할 용기를 가지게 되었습니다.

다윗은 삼권을 한 손에 쥐고 있는 사람이었습니다. 높은 왕좌에 앉아서 남의 잘잘못을 가려주는 재판관의 자리에 있었는데, 자신이 유부녀를 간통하고 그의 남편을 죽였다는 것이 만천하에 드러나면 왕의 체통은 무엇이 되고 왕의 명예는 어떻게 되겠습니까? 그러나 다윗은 체면이나 위신이나 명예를 다 내려놓고 겸손하게 "내가 죄를 지었나이다"라고 고백했습니다. 회개에는 용기가 필요합니다.

다윗은 철저히 회개했습니다. 밤마다 눈물로 침상을 적시고, 요를 적시며 기도했습니다(시 6:6). 그때 하나님은 그의 눈물과 회개를 보시고 다윗의 죄를 용서하셨습니다. 그래서 밧세바는 왕후가 되고, 그의 아들 솔로몬은 왕이 되었습니다.

하나님은 회개하는 자를 용서하시고 다시 정죄하지 않으십니다. 하나님은 용서하실 때, 깨끗이 용서하시고, 다시 기억하지 않으십니다. 문제는 사람들이 회개를 잘 못하는 것입니다. 에스겔서 23장을 보면, 영적으로 음행의 죄를 지은 북이스라엘에 임한 심판을 보고서도 회개하지 않는 유다 나라에 심판이 임할 것을 말씀했습니다. 그들은 우상을 섬겼고 하나님의 성소를 더럽히고, 안식일을 범했습니다.

그래서 24장을 보면, 하나님이 에스겔에게 녹슨 가마를 하나 걸고 거기에 물을 붓고, 양 한 마리를 잡아서 넓적다리와 어깨고기의 좋은 덩이를 그 가마에 넣고 삶으라고 하셨습니다. 무서운 것은 하나님께서 그 고기를 삶아서 녹이고 국물을 다 졸이고 그 뼈를 태운 다음에도 계속 불을 때서, 가마가 뜨겁게 달궈져서 그 속에 있는 더러운 것을 다 깨끗이 할 때까지 계속 불을 때라고 하셨습니다. 그것은 예루살렘의 멸망이 얼마나 참혹할 것인가를 보여주는 말씀이었습니다.

에스겔 33장 21-22절에는 드디어 예루살렘이 함락되고 그 땅이 황무지가 되었다는 소식이 들려왔습니다. 선지자가 예언한 그 모든 무서운 심판이 그대로 임하였습니다. 그제서야 하나님은 다시 이스라엘의 회복에 대해 말씀하셨습니다. 그들을 다시 고국 땅으로 인도하실 것이고, 그들을 정결케 하시고, 그들에게 새 영을 주고, 새 마음을 주어서 내 백성으로 삼겠다고 말씀하셨습니다(겔 36:24-28). 그리고 37장에서 마른 뼈가 하나님의 큰 군대가 되는 환상을 보여주셨습니다.

여러분, 회개는 우리가 죽고 사는 문제입니다. 그리고 영적 건강을 위한 필수 과정입니다. 우리의 영이 건강해지려면, 영적 갱신, 영적 부흥이 일어나야 하는데, 그것을 위해서 가장 중요한 것은 기도와 말씀입니다.

사도행전 2장 42절을 보면 초대교회 성도들이 사도의 가르침을 받아 서로 교제하고 떡을 떼며 오로지 기도하기를 힘썼다고 했습니다. 영적으로 강했던 예루살렘 교회 성도들이 한 것은, 말씀을 배우고 사랑으로 교제하였고, 성찬을 통해서 주님의 십자가의 은혜를 기억하였고, 오로지 기도에 힘쓴 것입니다.

우리 모두가 말씀을 읽고, 배우고, 사랑으로 하나가 되는 교회, 그리고 십자가의 신앙을 고백하면서 오로지 기도에 힘쓰는 교회가 될 때, 우리 모든 성도들과 가정 위에 하나님이 주시는 샬롬이 회복되어지기를 주님의 이름으로 축원합니다.

성도님의 마음은 건강하십니까?

열왕기상 19:1-8

¹아합이 엘리야가 행한 모든 일과 그가 어떻게 모든 선지자를 칼로 죽였는지를 이세벨에게 말하니 ²이세벨이 사신을 엘리야에게 보내어 이르되 내가 내일 이맘때에는 반드시 네 생명을 저 사람들 중 한 사람의 생명과 같게 하리라 그렇게 하지 아니하면 신들이 내게 벌 위에 벌을 내림이 마땅하니라 한지라 ³그가 이 형편을 보고 일어나 자기의 생명을 위해 도망하여 유다에 속한 브엘세바에 이르러 자기의 사환을 그 곳에 머물게 하고 ⁴자기 자신은 광야로 들어가 하룻길쯤 가서 한 로뎀 나무 아래에 앉아서 자기가 죽기를 원하여 이르되 여호와여 넉넉하오니 지금 내 생명을 거두시옵소서 나는 내 조상들보다 낫지 못하니이다 하고 ⁵로뎀 나무 아래에 누워 자더니 천사가 그를 어루만지며 그에게 이르되 일어나서 먹으라 하는지라 ⁶본즉 머리맡에 숯불에 구운 떡과 한 병 물이 있더라 이에 먹고 마시고 다시 누웠더니 ⁷여호와의 천사가 또 다시 와서 어루만지며 이르되 일어나 먹으라 네가 갈 길을 다

가지 못할까 하노라 하는지라 ⁸이에 일어나 먹고 마시고 그 음식물의 힘을 의지하여 사십 주 사십 야를 가서 하나님의 산 호렙에 이르니라

우리 인간을 둘로 나눈다면 영혼과 육신으로 나눌 수 있습니다. 또 셋으로 나눈다면 영과 혼과 육으로 나눌 수 있습니다. 마음은 이 셋 중에 혼에 해당되는 것입니다. 마음을 다른 말로 하면, 감정 또는 정서라고 할 수 있습니다.

사람에게는 감정이 있습니다. 이 감정을 통해서 우리의 희로애락이 표현됩니다. 그런데 어떤 때는 이 감정이 상처를 받습니다. 그리고 그 상처가 너무나 깊어지면, 그것이 부정적인 감정으로 자리 잡게 되어서 우리의 삶을 힘들게 만듭니다. 왜 우리의 마음이 상처를 받습니까? 그것은 인생이 꼭 우리가 원하는 대로만 되는 것이 아니기 때문입니다.

2015년 3월 24일 142명의 승객과 6명의 승무원을 태우고 바르셀로나를 출발하여 뒤셀도르프로 향하던 항공기가 알프스 산맥에 추락한 사고로 탑승객 전원이 사망하였습니다. 그 사고의 원인은 항공기를 조종한 부기장의 우울증에 의한 '고의 추락 사고'라고 결론이 내려졌습니다.

우울증은 그렇게 당사자에게만 해를 끼치는 것이 아니라, 가족과 관계된 사람들이 함께 고통을 겪어야 하는 무서운 마음의 질병입니다. 우울증을 영어로 디프레션(depression)이라고 합니다. 마음에 좌절

감을 느끼는 것을 말합니다. 우울증은 단지 기분이 좀 저조한 정도에서부터 시작됩니다. 그러나 우울증이 깊어지면 만성적인 슬픔에 빠지면서 정신적으로 완전히 무기력증에 빠질 수 있는 무서운 병입니다.

세계보건기구(WHO)는 2020년이 되면 우울증이 모든 연령대에서 나타나는 질환 1위가 될 것으로 예측하고 있습니다. 한국에서도 근래에 매년 10% 가까이 우울증 환자가 증가하고 있다는 보고서가 있습니다. 그러므로 우리는 우울증에 대해 더욱 관심을 기울일 필요가 있습니다.

우울증의 원인은 다양합니다. 유전적으로 우울증의 경향을 가진 사람, 건강문제, 여성문제, 호르몬이나 약물의 불균형, 재정문제, 실패나 거절, 직장문제, 사랑하는 이의 죽음, 자기 외모에 대한 열등감, 가족문제, 별거, 이혼, 학대, 삶을 통제할 수 없는 상황, 자존감의 상실, 부정적인 사고, 고독감, 알코올 중독, 약물 부작용, 죄책감, 스트레스, 은퇴 등 다양한 이유에 의해 우울증이 발생합니다.

우울증은 그냥 쉽게 해결할 수 있는 것이 아닙니다. 좀 울고 나면 슬픔이 사라지는 것이 아닙니다. 다른 심각한 질병처럼, 치료와 사랑과 관심이 필요합니다.

우울증에 대한 남자와 여자의 반응이 다릅니다. 대개 여자는 자신을 원망합니다. 남자는 남을 원망합니다. 여자는 자신이 무가치하다고 느끼며 슬퍼합니다. 남자는 분노하고 흥분합니다. 여자는 걱정하고 두려워합니다. 남자는 의심하고 경계합니다. 여자는 갈등을 피하려고 합니다. 남자는 갈등을 일으킵니다. 여자는 경계선을 정하는 데 어려움을 겪고, 남자는 모든 수단을 동원해서 자신이 통제하려고 합니다. 여자는 치료를 위해서 음식, 친구들, 사랑을 찾고, 남자는 치료를 위해 술과 TV, 스포츠, sex를 찾습니다.

우울증에 걸리면 힘이 빠지고, 몸무게가 빠지거나 몸무게가 더해집니다. 어떤 이는 불면증에 시달리고, 어떤 이는 과도한 잠에 빠집니다. 집중력이 떨어지고, 소화가 안 되고, 죽음에 대해 자꾸 생각합니다. 두통이나 요통에 시달리기도 합니다.

본문을 보면 엘리야가 우울증에 빠졌습니다. 엘리야는 놀라운 하나님의 사람이었습니다. 그는 갈멜산에서 450명의 바알 선지자와 대결해서 승리했습니다. 하늘에서 불이 내려와서 엘리야의 제물을 태웠고, 3년 반 동안 오지 않던 비도 내렸습니다. 아마 엘리야는 450명의 바알 선지자가 죽고 여호와 하나님이 참 신인 것이 증명되었으니까 이제는 좋은 일이 일어날 것이라고 기대했을 것입니다.

이스라엘에는 부흥이 일어날 것입니다. 백성들은 하나님께로 돌아올 것입니다. 아합 왕도 하나님의 놀라운 일을 보았으니, 변화될 것입니다. 이세벨도 아합 왕으로부터 갈멜산에서 일어났던 하나님의 역사를 전해 듣고는 달라질 것입니다.

그런데 엘리야의 예상은 빗나갔습니다. 이세벨은 더 포악해져서, '내일 이맘때에 엘리야를 죽이러 오겠다'고 전갈을 전했을 때, 엘리야는 낙심하였습니다. 그 낙심은 두려움이 되고 절망이 되어서 결국 도망치기 시작했습니다.

엘리야는 굉장한 신앙의 사람이었지만, 그러나 그도 우리와 똑같은 사람이었습니다. 엘리야는 우리와 성정이 같은 사람이라고 했습니다(약 5:17). 그는 그때 지쳐 있었습니다. 정서적으로도 기진해 있었습니다. 그의 생명은 위협받고 있었습니다. 그의 마음은 온갖 문제들로 가득 차 있었습니다. 두려움, 수치심, 죄책감, 분노, 고독감, 걱정으로 가득 차 있었습니다.

여러분, 신앙적으로 그리고 영적으로 위대한 승리의 시간이 있은 다음에, 패배와 실망의 시간이 찾아올 때가 많습니다. 위대한 신앙의 인물에게 그런 일이 있다면, 우리도 그런 일을 경험할 수 있습니다.

엘리야는 두려워했습니다. 3절을 보면, 그는 두려워서 자기 생명을 위해서 도망을 쳤습니다. 항상 같이 있던 사환까지 놔두고 혼자 있으려고 했습니다. 우울증과 낙심의 위험은 자기 내면으로만 움츠리는 것입니다. 다른 사람들과 어울리지 않고 혼자서만 있으려고 합니다. 그러면서 외로워합니다.

엘리야는 자살 충동을 느꼈습니다. 4절에서 그는 죽기를 소원합니다. "여호와여 넉넉하오니 지금 내 생명을 거두시옵소서 나는 내 조상들보다 낫지 못하니이다"라고 기도합니다. 우울증은 죽고 싶을 만큼, 힘든 병입니다.

엘리야는 극심한 피로를 느꼈습니다. 5절을 보면, 그는 로뎀나무 아래 쓰러져 자고 있었는데 적어도 이틀 이상 잠을 잤습니다. 엘리야는 심한 소외감과 거부감을 느꼈습니다. 10절을 보면, 그는 "하나님을 섬기는 사람 중에 저만 남았는데 내 생명마저 저들이 취하려고 합니다"라고 말했습니다. 이런 모습은 우울증의 전형적인 증상들입니다. 엘리야는 그때 우울증을 가지고 있었습니다.

여러분, 믿음이 부족한 사람만 우울증에 걸리는 것이 아닙니다. 윤리적으로 문제가 있는 사람만 우울증에 걸리는 것이 아닙니다. 가장 위대한 하나님의 사람들도 우울증에 빠질 수 있습니다.

엘리야는 자기가 실패자인 것처럼 느꼈기 때문에 죽기를 청했습니다. 그는 자기는 실패자라고 생각했습니다. 그것을 '감정적인 추리'라고 부릅니다. 이것은 매우 파괴적인 태도입니다. 이런 태도는 내가 느끼는 것이 진리라고 생각하는 태도입니다.

그러나 감정(feeling)과 사실(facts)은 다릅니다. 우리의 감정이 꼭 맞는 것이 아닙니다. 어떤 때 우리는 '실감이 나지 않는다'라는 말을 합니다. 그 말은 '사실과는 다른 감정을 느낀다'는 말입니다. 가령, 복권에 당첨이 되었는데 실감이 나지 않습니다. 그럴 때 실감이 나지 않는 감정이 중요합니까? 아닙니다. 복권에 당첨되었다는 사실이 중요합니다.

내가 느끼기에 하나님이 가까이 계신 것 같지 않습니다. 그러나 그렇다고 하나님이 멀리 계신 것이 아닙니다. 내가 느끼기에 내가 구원받은 것 같지 않습니다. 그러나 예수 그리스도를 믿으면 구원받는 것은 사실입니다. 느낌이 없어도 그것은 분명한 사실입니다.

우리가 무엇을 판단할 때는, 느낌이나 감정보다는 사실에 근거해야 합니다. 어떤 드러난 실수를 저지르면 우리는 그것 때문에 실패자가 된 것 같은 수치심을 느끼게 될 것입니다. 그러나 그것은 사실이 아닙니다. 사람은 누구나 실수를 합니다. 실수를 안 하는 사람은 아무도 없습니다. 우리가 실수를 저지른다고 실패자가 되는 것이 아닙니다. 또 한 부분에서 실패하였다고 해도 인생 전체의 실패자가 되는 것은 아닙니다.

많은 심리학자들은 정서적으로 건강하려면 마음을 열어야 한다고 말합니다. 감정을 감추지 말고 표현하라고 말합니다. 그러나 그것이 완전한 해답이 아닙니다. 왜냐하면 감정은 믿을 수 없는 것이요, 의지할 수 없는 것이기 때문입니다.

우리가 초점을 맞추어야 할 것은 감정이 아니라 진리입니다. 예수님은 "진리를 알지니 진리가 너희를 자유케 하리라"고 말씀하셨습니다. 우리가 붙잡을 것은 하나님의 말씀이요, 진리요, 사실입니다.

하나님은 하나님의 말씀으로 엘리야를 치유해 주셨습니다.

1. 하나님은 엘리야의 몸이 회복되도록 보살펴 주셨습니다(5-7절).

엘리야의 디프레션을 치료하는 하나님의 첫 번째 처방은 쉬게 하는 것이었습니다. 음식을 먹고 충분히 잠자게 하셨습니다. 디프레션은 심신이 너무 피곤할 때 오기 쉽습니다. 하나님은 엘리야를 아주 부드럽게 대하셨습니다. 천사가 와서 "너, 이 겁쟁이야! 네 믿음이 다

어디 갔느냐?" 하고 책망하지 않았습니다. 하나님은 엘리야를 정죄하지 않았습니다. 그냥 음식과 휴식으로 육신의 몸을 회복하게 하셨습니다.

여러분이 우울증에 빠질 때는 육신의 건강을 돌보아야 합니다. 충분한 휴식을 가져야 합니다. 영양 섭취도 잘해야 합니다. 적당한 운동을 해서 몸의 건강을 회복해야 합니다.

어떤 젊은 부인이 너무 기운이 없어서 의사를 찾아가 비타민제 같은 것을 먹어야 하는지를 물어보려고 했습니다. 그런데 의사가 여러 가지 질문을 하더니 이렇게 말했습니다.

"부인은 지금 우울증을 앓고 있습니다."

그리고 처방전을 주면서 이렇게 말했습니다.

"한 번에 30분씩, 일주일에 3번에서 5번 정도 운동을 하세요. 약도 건강에 도움이 되지만, 운동이 더 도움이 될 것입니다."

우리가 우리의 몸을 돌보면, 그 다음에는 우리의 몸이 우리를 도와 줄 것입니다. 일주일에 3번씩, 6개월간 운동을 하게 했더니 몸이 20% 더 좋아질 뿐 아니라 복잡한 의사결정 테스트에서 70% 정도 더 좋은 점수를 받았다고 합니다.

정기적인 운동은 우리의 몸과 마음을 건강하게 만듭니다. 운동이 우리의 몸과 마음만 건강하게 만드는 것이 아니라 우리의 영의 건강도 도와줍니다. 우리의 영과 혼과 육은 서로 연결되어 있고 서로에게 영향을 줍니다.

2. 하나님은 엘리야를 하나님이 계신 곳(오늘의 교회)으로 보내셨습니다(8절).

호렙산은 거룩한 산입니다. 하나님께서 모세에게 율법을 주신 산입니다. 교회는 우울증을 치유할 수 있는 가장 좋은 장소 중의 하나입니다. 사람들은 교회에서 서로의 이야기를 들어주고, 서로를 도와줍니다. "너희가 짐을 서로 지라 그리하여 그리스도의 법을 성취하라"(갈 6:2)고 말씀했습니다.

1999년에 Duke University에서 4,000명의 노인들을 대상으로 연구를 했습니다. 그들의 결론 중의 하나는 교회에 출석하는 것이 우울증과 불안감을 감소하는 데 영향이 있다는 것이었습니다.

페니(J. C. Penny)는 미국에서 1,700개가 넘는 백화점 점포를 가진 백화점 왕이었습니다. 그러나 그의 생애에도 시련이 있었습니다. 1929년에 경제 대공황이 왔을 때 그는 재정적으로 압박을 받게 되었습니다. 공황이 오기 전에 은행 돈을 많이 빌려서 사업을 확장했는데, 공황이 오니 은행들은 정해진 기간보다 더 빨리 그 융자금을 상환할 것을 요구했습니다. 갑자기 현금 흐름이 막히면서 그는 도저히 돈을 지불하기 어렵게 되었습니다.

그는 걱정으로 인해 잠을 잘 수 없게 되고 아주 고통스러운 병을 앓기 시작했습니다. 그 병이 너무 심해져서 극심한 절망감을 느끼고 살 소망까지 잃어버리게 되었습니다. 그의 건강이 급격히 나빠졌고 주치의가 진통제를 주었지만 그 효과도 빨리 약해지고 있었습니다.

어느 날 페니는 너무 고통스러워서 그날 밤을 넘기기 어려울 것 같았습니다. 그래서 아내와 자녀들에게 작별편지를 썼습니다. 그런데 다음 날 아침에 깨어나면서 그는 자기가 살아 있음을 깨닫고 놀랐습니다. 그리고 그 아침에 병원 복도를 지나가면서 작은 예배실에서 찬양하는 소리를 들었습니다. 그는 예배실로 들어가서 그 찬양을 들을 때 마음에 감동을 받았습니다. 찬양이 끝나고 성경에 대한 간단한 설명과 기도가 이어졌습니다.

그는 말했습니다.

"무엇인가 일어났습니다. 나는 그것을 설명할 수가 없습니다. 나는 그것을 그냥 기적이라고밖에 말할 수 없습니다. 나는 내가 순간적으로 어두움의 깊은 감옥에서, 따뜻하고 찬란한 햇빛 안으로 들어간 것 같이 느꼈습니다. 나는 지옥에서 천국으로 옮겨진 것 같았습니다. 나는 전에는 느껴보지 못했던 하나님의 능력을 느낄 수 있었습니다."

인생을 바꾸어 놓은 그 순간, 페니는 하나님이 그를 돕기 위해 그 자리에 계시다는 것을 깨닫게 되었습니다. 그리고 이렇게 고백했습니다.

"그날부터 오늘까지 내 생애는 걱정에서 자유함을 얻게 되었습니다. 나의 생애에서 가장 드라마틱하고 영광스러운 20분은 내가 그날 그 예배실에서 보낸 시간이었습니다."

그날 페니에게 감동적이고 기적적으로 들려온 찬송은 찬송가 382장이었습니다.

> 너 근심 걱정 말아라 주 너를 지키리
> 주 날개 밑에 거하라 주 너를 지키리
> 주 너를 지키리 아무 때나 어디서나
> 주 너를 지키리 늘 지켜주시리

3. 하나님은 엘리야가 자신의 문제를 말하게 하셨습니다(9, 13절).

엘리야는 굴에 들어갔습니다. 거기서 하루 이상을 지내자 하나님의 말씀이 들려왔습니다.

"네가 어찌하여 여기 있느냐?"(9, 13절)

하나님은 두 번씩이나 "네가 왜 여기 있느냐?"고 물으셔서 엘리야가 자신의 좌절에 대해 하나님께 말하게 하셨습니다. 엘리야는 자기의 좌절, 자기의 슬픔을 하나님께 쏟아 놓았습니다. 하나님은 엘리야가 하나님께 하소연을 하도록 허용하셨습니다. 하나님은 이미 엘리야의 상태를 알고 계셨습니다. 그러나 엘리야가 그의 입으로 직접 그의 상한 감정을 쏟아 내게 하셨습니다.

여러분에게 좌절감이 가득할 때 여러분은 그것을 쏟아 내야 합니다. 그것을 카타르시스(catharsis)라고 합니다. 여러분의 친구나, 가족이

나, 목회자나, 선배에게 여러분 마음에 있는 것을 쏟으십시오.

엘리야는 부정적인 감정을 많이 가지고 두려워서 도망쳤습니다(3절). '나는 내 조상보다 낫지 못하다'는 열등감, 자책감이 있었습니다(4절). 10절을 보면, 그는 분노하고 있고 외로웠습니다. 나 혼자뿐이라는 외로움이 있었고, 자기도 죽을지 모른다는 걱정이 있었습니다.

이런 두려움, 수치심, 죄책감, 분노, 고독감, 걱정을 다 가지게 되면 디프레션에 빠지게 됩니다. 그러므로 하나님은 그런 감정을 다 쏟아 내게 하셨습니다.

"엘리야야, 네가 왜 여기에 있느냐? 너는 왜 좌절하고 있느냐? 다 내게 말해 보아라."

혹 여러분에게 디프레션이 찾아오고 있습니까? 기도하십시오! 함께 기도하십시오. 금요기도회나 새벽기도회에 참석하십시오! 개인적으로도 기도하고, 합심해서도 기도하십시오. 그것이 하나님이 원하시는 것입니다.

> 빌 4:6-7 "아무 것도 염려하지 말고 다만 모든 일에 기도와 간구로, 너희 구할 것을 감사함으로 하나님께 아뢰라 그리하면 모든 지각에 뛰어난 하나님의 평강이 그리스도 예수 안에서 너희 마음과 생각을 지키시리라"

우리가 기도할 때, 하나님의 평안이 임하게 됩니다. 마음이 우울해질 때 기도하십시오. 걱정이 많아질 때 기도하십시오. 기도의 자리가 은혜의 자리입니다. 하나님께서는 우리가 기도할 때 우리 마음에 평안을 주실 것입니다.

4. 하나님은 엘리야의 잘못된 생각을 고쳐주셨습니다(10절).

엘리야가 부정적인 감정을 가지게 된 것은 그가 잘못된 생각을 하고 있었기 때문입니다. 우리의 감정은 우리의 생각에서 생겨납니다. 우리가 감정적인 좌절감 속에 빠지게 되는 이유는 우리가 잘못된 생각을 가지고 있기 때문입니다.

만일 어떤 사람에 대해 안 좋게 생각하면 그 사람에 대해 안 좋은 감정을 가지게 될 것입니다. 그러다가 그 사람이 알고 보니 그래도 괜찮은 사람이구나 하고 생각을 바꾸면 그 사람에 대해 좋은 감정을 갖게 될 것입니다. 우리의 감정은 우리의 사고방식에 따라 달라지게 되어 있습니다. 삶을 부정적으로 보면 기분은 항상 우울할 수밖에 없습니다.

그러므로 부정적인 감정을 없이하려면 먼저 사고방식을 바꾸어야 합니다. 그것을 성경은 '마음을 새롭게 함으로 변화를 받으라'고 말씀하고 있습니다(롬 12:2).

하나님은 엘리야의 생각을 바꾸어 주셨습니다. 하나님이 아직도 모든 것을 주관하고 계시고, 아직도 바알에게 무릎을 꿇지 않은 사람이 7,000명이 있다는 것과, 하나님의 일은 이제 시작되고 있다는 것을 알려 주셨습니다.

하나님은 엘리야를 산에 서 있게 하시고 그 앞을 지나가시는데 먼저 강한 바람이 산을 가르고 바위를 부수지만 하나님은 거기 계시지 않았습니다. 그 다음에는 지진이 일어나지만 지진 가운데도 안 계셨습니다. 불 가운데도 안 계셨습니다. 그 후 세미한 소리가 들려오는데 그 조용하고 세미한 소리 가운데 하나님의 음성이 들려왔습니다. 오늘도 하나님은 대개 조용한 중에 우리에게 말씀하십니다. 조용한 기도, 조용한 묵상, 조용한 찬송 중에 하나님은 우리에게 음성을 들려주십니다.

여러분이 우울증에 빠질 때에는 성경을 가지고 조용한 곳으로 가십시오. 조용한 성전에 와서 기도하십시오.

다니엘이 뜻을 정하고 자신을 정결하게 할 때에, 하나님께서 그에게 지혜를 주시고 환상과 꿈을 깨닫는 지혜까지 주셨습니다. 다니엘의 세 친구가 풀무불에 던져지면서도 하나님을 향한 신앙을 굽히지 않을 때에, 하나님께서 그들을 보호해 주셨습니다. 하나님을 우선하는 자를 하나님이 높여주십니다. 반대로 하나님 앞에 교만한 느부갓네살은 고난을 겪었습니다. 또 다니엘은 사자굴에 들어가면서도 하나님께 기도를 드렸습니다.

참 평안은 하나님으로부터 옵니다. 참 평안은 하나님에 대한 굳건한 믿음으로부터 옵니다. 우리가 하나님을 만나고 하나님의 말씀을 들을 때에, 우리의 생각이 바꾸어집니다. 우리의 생각이 바뀔 때에 우리의 감정이 바뀌고 우울함을 이기게 될 것입니다.

5. 하나님은 엘리야에게 새로운 할 일을 지시하셨습니다(15-16절).

하나님은 엘리야에게 새 사명을 주셨습니다. 할 일을 주셨습니다. 우울증의 좋은 치료방법은 일하는 것입니다. 가만히 앉아서 온갖 공상, 자기 연민에 빠지지 말고 생산적인 일, 신앙적인 사역을 하는 것이 좋습니다. 특히 다른 사람을 돕는 일을 하는 것이 좋습니다.

유명한 정신분석학자인 칼 메닝거가 정신건강에 대한 강의를 할 때 한 사람이 이렇게 질문했습니다.

"지금 신경쇠약에 걸릴 것 같은 사람이 있다면 무엇을 해야 할지 조언을 해 주십시오."

사람들은 '빨리 정신과 의사를 찾아가십시오'라고 말할 것이라 생각했습니다. 그러나 메닝거 박사는 이렇게 말했습니다.

"그렇다면 집 문을 닫아 걸고, 철로 길을 건너가서 도움이 필요한 사람을 찾아, 그 사람을 도와주십시오."

낙심을 극복하려면 자기 자신에게 초점을 두지 않고 다른 사람의 삶에 개입하는 것이 가장 좋은 방법입니다. 도움을 받는 가장 좋은 방법은 도와주는 것입니다. 우리는 주는 것을 받게 됩니다.

여러분, 사역에 참여하십시오. 교회학교를 돕든지, 찬양대를 돕든지, 새가족 사역을 돕든지, 주방 일을 돕든지, 일하십시오. 일하는 만큼 여러분은 얻을 것입니다. 아니 작은 일에 충성하면, 영원한 천국의 기업을 상으로 받게 될 것입니다. 그것이 봉사대행진의 의의입니다. 우리가 교회 안에 있는 분이나, 교회 밖에 있는 분들을 섬기고 봉사하는 것이 하나님의 축복을 쌓는 일입니다.

광고를 들으신 대로, 이번 총회에서 저는 국내선교부장이라는 중요한 직책을 맡게 되었습니다. 국내선교부는 우리 교단의 모든 교회의 부흥과 성장을 위해 일하는 부서입니다. 지금 한국교회는 성장이 둔화되고 전도가 어려운 상황에 처해 있습니다. 우리 교단교회 중에 200명 이하의 교회가 80%이고, 50명 이하의 교회가 약 반입니다. 그 작은 교회 목사님들이 목회사역에 어려움을 겪고 있습니다.

지난 몇 년 동안 저희 교회가 대행진사역을 하면서 목회자 세미나를 개최해 왔는데, 하나님께서 이번에 그 일을 마음껏 하라고 사명을 주셨습니다. 제가 하나님께서 주신 사명을 생각할 때, 한편으로는 마음이 무거우면서도 한편으로는 가슴이 벅차오릅니다.

한 교회를 돕는 일도 귀하고, 몇 교회를 돕는 일이 귀하지만, 이제 저와 우리 교회는 우리 교단의 8,700교회를 섬기는 사명을 받았습니다. 이것은 50주년을 맞이한 우리 교회에 주신 엄청난 사역의 기회입니다. 이 일을 잘하면, 하나님이 크게 기뻐하시고 칭찬하실 것입니다.

　영국의 어떤 목사님이 시골에서 송어 낚시를 나갔다고 합니다. 그런데 열심히 노력했지만 한 마리도 잡지 못했습니다. 낚시 도구는 좋은데도 송어를 한 마리도 못 잡았습니다. 이 목사님은 자루 한 가득 송어를 잡은 할아버지 낚시꾼에게 어떻게 송어를 그렇게 많이 잡을 수 있는지 좀 알려달라고 말했습니다.
　그 할아버지 낚시꾼은 이렇게 답했습니다.
　"송어 낚시를 하려면 세 가지 룰을 잘 따라야 하지요. 그 첫째는 낚시하는 사람은 자신을 보이지 않게 해야 합니다. 둘째는, 낚시하는 당신은 더 자신을 보이지 않게 해야 합니다. 셋째는, 낚시꾼은 더욱더 자신을 보이지 않게 해야 합니다."
　그 목사님은 그 말을 듣고 돌아가면서 생각했습니다. '아, 이 말은 사람 낚는 어부에게 가장 좋은 충고로구나. 나는 전혀 보이지 않고, 예수님만 완전히 크게 보이게 해야겠구나.'
　여러분, 우울증을 제거하는 데도 이 말씀은 최고의 충고가 될 것입니다. 내 자신에 대한 생각은 내려놓고 그리스도와 다른 사람들을 생각하는 것입니다. 내가 주님을 더 사랑하고 다른 사람을 더 사랑하는 법을 배울수록 우울증은 더 빨리 사라지게 됩니다.

　우울증에 걸린 사람은 도움이 필요한 사람입니다. 특히 가족과 친구의 도움이 필요합니다. 우리는 다른 사람의 우울증을 고쳐줄 수 없습니다. 고치려고 애쓰지 마세요. 그것은 하나님의 은혜로 본인이 극복해야 할 문제입니다.

신앙의 아내와 남편으로서 정서적인 상처를 가진 배우자를 위해 해줄 수 있는 가장 좋은 선물은 위해서 기도해 주는 것입니다. 상처받은 감정을 치유하시는 분은 하나님입니다. 하나님이 성령님을 통해서 치유하십니다.

그러나 사랑의 배우자는 그 치유가 일어날 수 있는 환경을 만들 수 있습니다. 상처를 가진 배우자가 회복할 수 있는 영적인 피난처를 만들 수 있습니다. 배우자의 회복을 위해서 기도해 주면서 변함없는 사랑과 용납으로 격려해 주면 배우자의 치유의 과정은 단축될 것입니다.

혹 여러분의 배우자가 부정적인 감정으로 고통을 받고 있다면, 여러분의 자녀가 고통을 받고 있다면 여러분이 할 수 있는 가장 좋은 태도는, 여러분이 말과 행동으로 무조건적인 사랑을 보여주는 것입니다.

"당신 좀 정신 차려요. 당신이 이러고 있으면 어떻게 해? 좀 긍정적으로 생각해요."

이렇게 책망해서는 안 됩니다.

"당신 걱정 말아요. 우리는 언제나 당신 곁에 있어요. 주님이 도와주셔서 낫게 될 거예요. 우리 함께 기도해요."

배우자를 이해해 주고 격려해 주세요.

여러분, 감정적인 고통은 육신적인 고통보다도 어떤 면에서 더 힘들고 괴롭습니다. 옆에서 보기에는 멀쩡한 것 같지만 그 당사자는 정말 힘듭니다. 오죽하면 자기의 생명을 끊으려 하겠습니까? 그렇기 때문에 배우자와 가족들의 응원이 필요합니다. 가족들의 사랑과 기도, 그리고 지원이 필요합니다.

좌절감에 빠진 사람은 '나는 실패자야. 나는 아무것도 할 수 없어'라고 생각합니다. 그러나 하나님은 우리를 가장 잘 아시는 분입니다. 우리의 연약함도, 우리가 실수할 수 있다는 것도 아십니다. 그러나 하나님은 우리에게 사명을 맡겨 주십니다. 우리가 하나님의 사람으로 살아가는 동안 우울함을 이겨내게 하시고, 또 그런 어려움에 처한 사람을 위로하며 도울 수 있게 하십시다.

우리의 생애에서 우리는 약해질 때가 있습니다. 실수할 때가 있고, 실패할 때가 있습니다. 그러나 그렇다고 인생이 끝나는 것이 아닙니다. 하나님은 여전히 우리와 함께 계십니다. 하나님은 우리 모두를 하나님의 사람으로 살게 하시고 하나님의 사명을 이루며 살아가게 하십니다. 하나님의 은혜로 우리 모두 육신적으로, 정신적으로, 그리고 영적으로 강건한 하나님의 사람들이 되게 하시기를 주님의 이름으로 기원합니다.

성도님의 몸은 건강하십니까?

① 음식

고린도전서 3:16-17, 10:23, 31

16너희는 너희가 하나님의 성전인 것과 하나님의 성령이 너희 안에 계시는 것을 알지 못하느냐 17누구든지 하나님의 성전을 더럽히면 하나님이 그 사람을 멸하시리라 하나님의 성전은 거룩하니 너희도 그러하니라

23모든 것이 가하나 모든 것이 유익한 것은 아니요 모든 것이 가하나 모든 것이 덕을 세우는 것은 아니니

31그런즉 너희가 먹든지 마시든지 무엇을 하든지 다 하나님의 영광을 위하여 하라

앞서 영의 건강, 마음의 건강에 대해 말씀을 드렸습니다. 이번에는 몸의 건강에 대해 생각할 차례입니다. 사실 저는 이 설교를 준비하면

서 '내가 이런 설교를 할 자격이 있는가' 하는 생각을 많이 하게 되었습니다. 과연 제가 '건강에 대해 설교할 만큼 모범적인 건강생활을 하고 있는가? 또 건강에 대해 설교할 만큼 많이 알고 있는가?' 그런 생각이 들었습니다.

그러나 저는 건강에 대해 설교를 하기로 했습니다. 설교자가 설교를 할 때 자기가 할 수 있는 것만 설교한다면 그 설교는 최선의 설교가 되지 못할 것입니다. 설교자는 자기의 기준으로 설교하는 것이 아니라 하나님의 기준으로 설교하는 사람입니다. 하나님께서 전하라고 하시는 말씀을 가감 없이 전해야 합니다. 그러므로 어떤 때는 전하는 말씀이 설교자 자신에게 주시는 말씀이 될 수도 있습니다.

건강에 대해서는 장담할 수 있는 사람이 아무도 없습니다. 100% 건강한 사람은 아무도 없습니다. 비교적 건강하고 상당히 건강할 수는 있지만 완전히 건강할 수는 없습니다.

그래도 하나님의 은혜로 저는 다행히 큰 병은 없습니다. 혈압도 정상이고, 아직까지는 당뇨나 다른 특별한 병은 발견되지 않았습니다. 하나님께서 저에게 비교적 건강한 체질을 주셨습니다. 자라날 때, 언제나 잘 먹고, 잘 자고, 대체로 긍정적이고 편안한 성품을 가졌던 것 같습니다. 그러나 신경은 예민해서 고등학교 때부터 위장병을 앓기 시작해서 10여 년 동안 위가 좋지 않았습니다. 30대 중반 이후로는 위가 좋아졌고, 지금은 아주 소화가 잘 됩니다.

그러나 늘 분주한 생활을 하는 저는 언제라도 병이 찾아올 수 있다고 생각하고, 건강한 삶을 살아야 되겠다고 다짐합니다. 그런 의미에서 이 설교는 저 자신에게도 해당되는 설교입니다.

여러분, 모든 사람은 건강하기를 원합니다. 모든 사람은 젊게 되기를 원합니다. 나이가 60세인 사람이 30세처럼 보이고, 30세인 사람이 15세처럼 보이기를 원하는 것은 아니지만, 60세인 사람이 70세처럼 보이고, 30세인 사람이 40세처럼 보이는 것을 원하지 않습니다. 제 나이로 보이는 것은 잘못된 것이 없습니다. 25세인 사람이 25세처럼 보이는 것은 잘못된 것이 아닙니다. 그러나 25세인 사람이 40세처럼 보이고, 40세처럼 느낀다면, 그것은 문제입니다.

모든 나이는 다 좋은 나이입니다. 어느 나이나 다른 나이에서는 경험할 수 없는 특별하고 좋은 면이 있습니다. 나이가 먹는 것을 막을 수도 없고, 싫어할 필요도 없습니다. 우리가 몇 번째 생일을 맞이하든지, 우리는 건강하고 젊고 매력 있고 생기 있는 사람이 될 수 있습니다.

우리가 원하지 않는 것은 건강하지 않은 생일을 맞이하는 것입니다. 여러 가지 이유로 건강이 상할 수 있습니다. 삶의 스트레스가 너무 심하든지, 운동을 하지 않든지, 건강하지 않은 음식을 먹든지, 밤에 잠을 잘 못 자든지, 물을 적게 먹든지, 햇볕을 잘 쬐지 못하든지 등의 여러 가지 이유로 우리 몸에 유해한 노폐물이 쌓이면 노화가 빨리 진행됩니다.

우리는 우리의 노년을 병든 채로 맞이하기를 원치 않습니다. 그러면 우리의 노년이 사랑과 평안과 기쁨이 넘치는 강건한 삶이 될 수 없습니다. 우리가 원하는 것은 우리의 노년이 건강하고, 생기 있고, 다른 사람에게 복음과 축복을 나누어주는 생산적이고 보람있는 삶이 되는 것입니다. 그러기 위해서는 건강한 삶의 습관을 가져야 합니다.

노년을 병약한 가운데 힘들게 살아가는 분들에게 물어본다면, 그 분들은 한결같이 이렇게 대답할 것입니다.

"내가 조금 더 젊었을 때 건강한 삶의 습관을 알았더라면, 그리고 건강한 습관을 실천했더라면 좋았을 것을. 그런 가르침에 조금 더 귀를 기울였더라면 좋았을 것을."

여러분은 어떻습니까?

"성도님의 몸은 건강하십니까?"

자신의 건강에 대해 자신이 있습니까? 아니면, 그래도 나는 괜찮다고 생각하십니까? 아니면 건강이 걱정입니까? 아니면, 건강한 삶은 도저히 불가능하다고 생각하십니까? 오늘 우리가 솔직히 우리 자신을 평가해 볼 필요가 있습니다.

많은 분들이 너무 분주한 삶을 살고 있기 때문에, 건강을 돌볼 시간이 없다고 말합니다. 건강 검진할 시간도 없고, 먹는 것을 점검하고, 몸무게를 재고, 산책을 하고, 운동을 할 시간이 없다고 말합니다.

그러나 아무리 분주해도, 우리는 건강하고 만족스러운 삶을 만들어 나갈 수 있습니다. 건강은 하루아침에 만들어지는 것은 아닙니다. 그러나 꾸준한 노력과 습관에 의해 만들어질 수 있습니다. 건강의 복은 다른 사람이 가져다주는 것이 아닙니다. 건강은 우리가 우리 자신에게 줄 수 있는 선물입니다. 이제 우리는 결심해야 합니다. 우리는 선택해야 합니다. 보다 건강한 삶을 살기 위해서, 건강한 삶의 습관을 실천하기로 결심해야 합니다.

스스로에게 물어 보십시오.

"나는 건강한 삶을 살아갈 준비가 되어 있는가?"

이 질문에 우리 모두가 대답해야 하지만, 지난날 여러분이 건강한 삶의 습관을 가지기 위해 한 번, 두 번 노력해 보았다면 이 질문에 대답하는 것이 그렇게 쉽지만은 않다는 것을 아실 것입니다.

그러나 건강한 삶은 가능합니다. 하나님의 도우심으로 만들어 갈 수 있습니다. 우리의 영의 건강, 몸의 건강, 삶의 건강은 우리의 의식적인 선택에 의해 가능해집니다. 우리가 반만 결심하면 그 결과는 좋지 못할 것입니다. 우리의 마음과 태도, 우리의 습관이 변화되지 않을 것입니다. 우리는 목표를 정하고, 그 목표를 이루기 위해서 결심을 하고, 그 결심을 계속 실천해 나가야 합니다.

건강대행진은 우리 모두에게 주신 하나님의 기회입니다. 이 기회를 놓쳐 버린다면, 수년 후에 크게 후회하게 될 것입니다. 그때는 아무에게도 원망을 할 수 없습니다. 여러분이 건강하지 못한 습관을 계속 가지고 있다면, 그것은 여러분 자신에게 "나는 내가 원하는 사람이 되기 위해서 나의 시간과 정력과 노력을 기울일 가치가 없는 인간이다"라고 스스로 말하는 것과 같습니다. 그런 태도는 자기 자신을 사랑하지 않는 태도입니다.

그러나 여러분이 보다 건강한 삶을 살기로 결심하는 순간, 여러분은 더 나은 사람이 됩니다. 그 결심과 함께 새로운 자신감과 마음의 평안과 건강한 외모를 보상으로 얻게 될 것입니다.

여러분, 우리는 우리 자신을 위한 첫 번째 후원자가 되어야 합니다. 우리 자신이 우리 몸의 가장 좋은 친구가 되어야 합니다. 건강을 이루는 일은 내가 해야 할 일입니다.

우선 우리는 결심을 해야 합니다. 내가 지금부터 건강한 삶을 시작하기로 결심해야 합니다. 건강한 음식을 먹고, 규칙적인 운동을 하고, 충분한 휴식을 취하기로 결심해야 합니다.

> ⇨ 롬 12:2 "너희는 이 세대를 본받지 말고 오직 마음을 새롭게 함으로 변화를 받아 하나님의 선하시고 기뻐하시고 온전하신 뜻이 무엇인지 분별하도록 하라"

여기에서 중요한 말씀은 '마음을 새롭게 하라'입니다. 라이프스타일(lifestyle)의 변화는 먼저 마음의 변화, 생각의 변화에서부터 시작됩니다. 내가 더 이상 내 건강을 해치는 그런 삶을 살지 않고, 이제는 건강을 위해 좋은 음식을 먹고, 운동을 하고, 휴식을 취하며 내 몸을 돌보아야겠다는 결심을 해야 합니다.

결심한 다음에는 선택을 해야 합니다. 매일매일 선택을 해야 합니다. 여러분은 순간적인 오락을 선택할 수도 있고, 순간적인 희락을 선택할 수도 있습니다. 가령, 퇴근하고 집에 돌아와서 남는 시간에 무엇을 할 것입니까? 그 시간에 나가서 산책을 할 수 있습니다. 아니면 지나간 드라마의 재방송을 볼 수도 있습니다.

드라마를 보는 것은 순간적인 오락을 선택하는 일입니다. 그러나 나가서 산책을 하며 운동하는 것은 순간적으로 희락을 얻는 일입니다. 오락은 그 당시에는 좋지만 오랜 시간을 두고 생각하면 건강에 도움이 못 되고 결국 후회하게 될 것입니다. 그러나 산책을 선택하면, 건강에 좋은 일을 했기 때문에 마음이 기뻐지고 우리는 그 열매를 계속해서 거두게 될 것입니다.

우리가 건강한 삶을 살기 위해서 크게 세 가지가 중요합니다. 건강한 음식을 먹는 것이고, 규칙적인 운동을 하는 것이고, 충분한 휴식을 취하는 것입니다.

첫 번째로 건강한 음식에 대한 말씀드리겠습니다.

건강하게 해준다는 기적의 음식이나 영양제에 대한 광고가 많습니다. 또 우리가 먹어야 한다는 비타민제 미네랄, 오메가3, 노화방지제 등도 많습니다. 그러나 가장 중요한 것은 건강한 음식을 먹고, 규칙적인 운동을 하고, 건강한 라이프스타일로 사는 것입니다. 그리고 음식도 다양한 종류의 음식을 골고루 섭취하는 것이 우리가 필요한 영양을 섭취할 수 있는 가장 좋은 방법입니다.

제가 건강에 대한 설교를 하려고 신앙과 건강에 관한 책을 5권 읽었습니다. 그것은 신앙인의 건강에 대한 책들입니다. 그런데 그 책들이 공통적으로 이야기하는 것은 음식을 골고루 먹으라는 것입니다.

비타민 종류나, 미네랄이나, 각종 식물 화학제들이 건강에 유익한 것들이지만 그런 것들을 다 먹는 것보다 중요한 것은 음식을 골고루 먹는 것입니다. 음식의 부분들을 다 합친 것보다도, 음식 그 자체가 가장 좋은 재료입니다.

물론 특별한 영양제를 먹어야 할 경우가 있습니다. 골다공증이 있다든지, 철분이 부족하든지, 소화가 안 되든지, 어떤 특별한 건강상태 때문에 어떤 부분에 영양 결핍이 생길 때에는 그 부족한 영양을 보충해 주어야 합니다. 가령 우유제품에 알레르기가 있어서 우유를 먹지 못하면, 칼슘을 복용하는 것이 좋습니다. 또는 임신을 했거나 젖을 먹이는 산모는 엽산이나 철분을 보충할 필요가 있을 것입니다. 그러나 대체적으로 말해서 음식을 골고루 먹고, 적당량을 먹는 것이 중요합니다.

우리 교회 의사이신 서울아산 김내과의 김택수 집사님께서 건강한 식사에 대해 특강을 하신 내용을 아래와 같이 정리했습니다.

첫째, 건강한 식습관을 가져야 합니다.

자연산 식품　vs　인공 식품

어느 것이 좋겠습니까? 자연산이 좋겠지요? 우리가 음식을 선택할 때, 하나님이 만드신 것인가, 사람이 가공한 것인가를 생각할 필요가 있습니다. 자연산 식품은 자연 그대로의 식품입니다. 그러나 인공식품은 사람이 가공한 식품들입니다. 콜라, 햄버거, 피자 이런 것들은 가공

식품들인데 될수록 적게 먹는 것이 좋습니다. 가공식품은 맛있게 만드느라고 더 달고, 더 짜고, 더 지방이 많게 만들어져서 과식하기가 쉽습니다. 그러나 자연식은 비교적 과식을 덜하게 된다는 장점이 있습니다.

어느 것이 좋을까요? 식물성 음식이 좋겠지요. 과일이나 야채가 좋다는 것은 상식적으로 잘 알고 있습니다. 얼마나 신선한가를 살펴보고 가능한 한 제철 과일을 먹는 것이 좋습니다.

어느 것이 좋을까요? 물론 저염식이 좋습니다. 싱겁게 먹어야 건강에 좋습니다.

이 둘 중에는 물론 정상체중이 좋습니다. 과다체중이 되면 건강에 이상이 생기기 쉽습니다. 왜 과다체중이 됩니까? 한 마디로 과식을 하기 때문입니다. 과식이 문제입니다.

둘째, 정상 체중을 유지해야 합니다.

이상체중 : (키cm - 100) x 0.9 (110%를 넘으면 과체중)
체지방지수 : 체중 / (키m x 키m) (22보다 많으면 과체중)

예) 키 170cm, 체중 70kg인 사람이라면
이상체중 : (170-100) x 0.9 = 63kg (110%=69.3kg, 70kg이므로 과체중)
체지방지수 : 70 / (1.7 x 1.7) = 24 (22보다 많으므로 과체중)

더 쉽게 하면, '키(cm) - 100 〉 몸무게' 보다 작아야 합니다. 키가 170cm인 사람은 70kg보다 적게 나가야 정상체중입니다.

셋째, 규칙적인 식사 시간을 지켜야 합니다.

식사 시, 가능한 음식 종류를 적게 하면 과식하지 않고 소화도 더 잘 될 수 있습니다. 일하는 활동량이 적은 사람일수록 더 적게 먹어야 합니다. 그러나 안 먹거나 굶는 것은 좋은 방법이 아닙니다.
식사 간의 간격을 5-6시간으로 두도록 하는 것이 좋습니다. 가령 아침을 7시에, 점심을 12시 또는 1시에, 저녁을 6시나 7시에 하는 것이 좋습니다. 아침을 11시에 먹고, 점심을 1시 반에 먹고, 저녁을 밤 10시에나 먹는다면 안 좋은 식사습관입니다.

그리고 가공식품보다는 자연식품을 먹고, 태운 음식이나 튀긴 음식을 줄여야 합니다. 좋은 물을 많이 마셔야 합니다. 식사할 때는 잘 씹어 먹어야 합니다. 과식하지 않고, 음식의 유통기한 등을 항상 확인할 필요가 있습니다. 그래서 칼로리가 적고, 지방이 적은 음식을 섭취해야 합니다. 매번 식사에 생으로 또는 적절히 요리한 야채와 과일이 50%가 되게 하면 좋습니다.

여러분이 매일매일 건강한 식사를 하면 시간이 흐를수록 건강한 삶이 될 것입니다.

> 고전 3:16-17 "너희는 너희가 하나님의 성전인 것과 하나님의 성령이 너희 안에 계시는 것을 알지 못하느냐 누구든지 하나님의 성전을 더럽히면 하나님이 그 사람을 멸하시리라 하나님의 성전은 거룩하니 너희도 그러하니라"

우리의 몸은 하나님이 주신 선물입니다. 우리의 몸 안에는 성령님이 거하시기 때문에 우리 몸이 성전입니다. 우리의 몸이 건강해야 하나님의 성령님이 편히 거하실 수 있고 하나님의 일을 더 잘할 수 있습니다.

만일 우리가 하나님이 주신 몸에 좋지 못한 음식을 먹이고, 운동도 하지 않고, 좋은 물을 많이 먹지 않고, 좋은 공기와 햇볕을 쬐지도 않고, 휴식도 없이 무리를 하고, 다른 사람에 대한 미움의 마음을 풀지 않고 원한의 마음을 가지고 살다가 병에 걸린다면 우리가 우리의 상태에 대해 누구를 원망할 수 있겠습니까? 우리가 먹는 것이 우리의 몸을 만듭니다. 그러므로 먹는 것을 잘 먹어야 합니다.

- 고전 10:23 "모든 것이 가하나 모든 것이 유익한 것은 아니요 모든 것이 가하나 모든 것이 덕을 세우는 것은 아니니"
- 고전 10:31 "그런즉 너희가 먹든지 마시든지 무엇을 하든지 다 하나님의 영광을 위하여 하라"

시편 139편 14절에서 말씀한 대로 우리의 몸은 심히 기묘하게 지어졌습니다. 하나님이 우리에게 주신 몸은 훌륭한 하나님의 창조물입니다. 우리는 우리 몸을 잘 관리해서 우리 몸을 하나님이 기뻐하시는 산 제물로 드려야 합니다(롬 12:1).

우리 몸은 하나님의 사역을 위한 도구입니다. 우리 몸이 병들면 하나님의 사역을 잘 감당할 수 없습니다. 우리 몸이 병들면 우리의 노년이 힘들어집니다. 치료비도 많이 듭니다. 잘 치료하지 못하면 우리 삶이 비참해질 것입니다. 그러므로 이제 우리는 결심해야 합니다. 건강한 삶을 살고, 건강한 음식을 먹기로 결심해야 합니다.

다니엘은 뜻을 정했습니다. 이방 신전에 드려졌던 음식을 먹지 않고 채식만 하기로 마음을 정했고 하나님은 그 마음을 받아 주셨습니다.

하나님의 은혜로 우리 모두가 건강하게 되기를 기도합니다. 영적 건강을 위해서 매일 첫 시간을 하나님께 드리고, 몸의 건강을 위해서 건강한 음식을 먹고, 규칙적인 운동을 하고, 충분한 휴식을 취하고, 삶의 건강을 위해서 가족에게 사랑을 실천하고, 이웃에게 봉사하고, 믿지 않는 이를 전도하는 삶을 살아갈 때에, 하나님이 주시는 영육간의 건강이 우리 모두에게 주어지기를 주님의 이름으로 축원합니다.

성도님의 몸은 건강하십니까?

 ② 운동

디모데전서 4:8

⁸육체의 연단은 약간의 유익이 있으나 경건은 범사에 유익하니 금생과 내생에 약속이 있느니라

현대인들은 운동이 부족한 사람들입니다. 이전 사람들과 지금 사람들을 비교해 보면, 이전에는 동네 여인들이 흐르는 물가에 모여서 빨래를 했습니다. 빨래에 비누칠을 하고, 바위 위에 빨래를 올려놓고, 방망이로 때리고, 손으로 문질러서 빨래를 했습니다. 지금은 세탁기가 빨래를 해 줍니다.

전에는 우물에서 물을 길어다가 썼습니다. 지금은 수도꼭지만 틀면

물이 콸콸 나옵니다. 전에는 아래 마을을 가려면 걸어가야 했습니다. 고향을 가려면 며칠 또는 몇 주를 걸어가야 했습니다. 지금은 차를 타고 편하게 갑니다. 아주 가까운 곳에 갈 때도 차를 타고 갑니다.

전에는 논에 나가서 농사를 지었습니다. 아침 일찍 나가서 해가 질 때까지 일하고 돌아왔습니다. 지금은 사무실에서 하루 종일 앉아서 일합니다. 사는 것이 너무나 편해졌습니다. 문제는 너무나 운동이 부족하다는 것입니다.

우리 몸에는 6백 개가 넘는 근육이 있다고 합니다. 그런데 그 근육은 우리가 사용하거나 아니면 잃어버리거나 둘 중에 하나입니다. 그러니까 우리가 근육을 전혀 사용하지 않으면 그 근육은 없어져서 우리가 사용할 수 없게 됩니다. 그러니까 우리는 우리 몸을 만들어나갈 수도 있고, 우리 몸을 무력하게 만들어 버릴 수도 있습니다.

이제는 우리가 주로 앉아서 모든 것을 하기 때문에 여행도 앉아서 가고, 일도 앉아서 하고, TV도 앉아서 봅니다. 그러므로 우리가 가끔 사용하는 근육을 운동해 주는 것이 아주 중요해졌습니다.

건강학자들은 인간의 수명을 단축시키는 것이 3가지를 지나친 스트레스, 건강하지 않은 식사 습관, 운동 부족이라고 말합니다. 의사들은 건강한 삶을 살기 위해 가장 중요한 것이 무엇인가에 대해 건강한 식사, 지속적인 운동, 충분한 휴식에 공통적으로 동의한다고 합니다.

운동에 대해서 보통 사람들은 세 가지 태도를 가지고 있습니다.

첫째는 전혀 운동을 하지 않는 사람이 있습니다. 둘째는 지나치게 운동에 매달리는 사람이 있습니다. 셋째는 적당한 운동을 꾸준히 하는 사람이 있습니다. 가장 바람직한 것은 세 번째입니다. 운동을 꾸준히 하지만 편안하게 즐기면서 하는 것입니다.

여러분이 두 번째 타입이라면, 하루라도 운동을 거르면 안 되는 거의 강박에 사로잡힌 사람이라면 조금 더 주님을 가까이 하고 신앙생활에 힘쓰십시오. 그러면 균형을 잘 이룰 것입니다.

만일 여러분이 첫 번째 타입이라면, 운동을 전혀 하지 않는 사람이라면, 여러분의 라이프스타일에 큰 변화가 필요합니다. 이제 더 이상 미루지 말고 운동을 시작하십시오. "죽으면 죽었지, 운동은 하기 싫습니다"라고 한다면 죄송하지만 죽는 수밖에 없습니다.

우리 몸은 하나님의 성전입니다. 그리고 우리 몸은 가만 있게 만들어지지 않았습니다. 하루종일 앉아서 생각만 하라고 우리 몸을 만드신 것이 아닙니다. 걷고, 활동하고, 일하라고 만드신 몸입니다.

여러분이 운동을 전혀 안 하면 어떻게 될까요? 아마도 여러분은 허리병에 걸릴 것입니다. 또는 자세불량, 과체중, 과식, 불면증, 만성피로, 동맥경화, 고혈압, 고지혈증, 잦은 두통, 심장병, 변비, 소화불량, 관절염, 혈액순환 장애, 우울증에 걸릴 수 있습니다. 규칙적이고 지속적인 운동은 이런 질병들의 피해를 최소한으로 줄여줍니다.

또 운동을 하면 노화를 방지합니다. 《Building Health and Youthfulness》(건강과 청춘 만들어가기)의 저자인 폴 브래그(Paul Bragg)는 "매일 적절한 운동을 30분씩만 해도 이른 노화를 10년 정도 늦출 수 있다"고 말했습니다. 우리는 늙는 것을 멈추게 할 수는 없습니다. 그러나 운동을 하면 너무 빨리 늙는 것을 지연시킬 수 있습니다.

모든 운동은 3가지의 중요한 기능을 도와줍니다. ① 독소를 제거하고, ② 혈액순환을 도와주고, ③ 근육을 강화시켜 줍니다. 운동을 하지 않으면, 우리 몸에 불순물이 잘 제거되지 않고, 혈액이 잘 순환되지 않고, 우리 내장의 장기들이 잘 활동하지 않고, 사용하지 않는 근육들이 퇴화됩니다.

운동을 하면 숨을 더 깊이 들이마시기 때문에 산소가 몸 안에 더 많이 들어갑니다. 그러면 허파를 통해서 혈액에 산소가 더 많이 들어가고 심장은 더 많은 혈액을 펌프질해서 온몸에 산소를 보내줍니다. 그때 이산화탄소 형태의 독소와 노폐물이 허파의 내쉬는 숨을 통해서 배출됩니다. 우리 몸에 산소가 많을수록 혈액은 더 깨끗해지고, 혈액이 깨끗할수록 질병이 생기지 않습니다. 나이가 많아질수록 운동을 하지 않으면 노폐물이 쌓여서 질병에 걸리기 쉽기 때문에 운동을 해야 합니다.

그리고 운동은 혈액순환을 도와줍니다. 혈액이 잘 순환되지 못하면 내장기관들의 활동에 이상이 생깁니다. 가령 신장 기능이 약하면 요산이 잘 제거되지 못해서 몸의 독소가 완전히 제거되지 않고 남아 있게 됩니다.

운동을 하면 혈액순환이 잘 이루어져서 산소를 가진 혈액이 뇌에까지 전달됩니다. 뇌는 우리 몸의 모든 조직에 영향을 주기 때문에 온몸에 도움을 줍니다. 이때 뇌에서는 고통을 줄여주고, 행복감을 만들어주는 엔도르핀이 나오게 됩니다. 운동을 하면 엔도르핀 지수가 올라갑니다. 그래서 규칙적으로 운동을 하는 경우에는 월경통이나 다른 통증이 감소되거나 제거될 수 있습니다.

그리고 운동은 심장 근육을 강화시켜 줍니다. 심장은 산소 없이는 제기능을 할 수 없습니다. 그런데 운동을 하면 심장 근육이 강화되어서 더 많은 혈액을 몸에 보내줄 수 있습니다. 우리의 심장은 건강할 때보다 건강하지 못할 때 더 세게, 더 빨리 뛰게 됩니다. 그러나 건강한 심장은 건강하지 못한 심장보다 더 많은 혈액을 더 적은 박동으로 보내줄 수 있습니다.

이렇게 지속적인 운동은 몸에 힘을 주고, 근육을 강화시키고, 몸의 불순물을 제거해 주고, 심장을 튼튼하게 하고, 혈액순환을 도와주고, 노화를 늦추어 줍니다.

여러분, 왜 운동을 합니까? 하나님이 주신 우리의 몸을 건강하게 유지하기 위해서입니다. 운동을 하지 않으면 어떻게 되겠습니까? 건강을 유지할 수가 없게 됩니다.

본문 말씀인 디모데전서 4장 8절은 성경에서 운동에 대해서 직접적으로 언급한 구절입니다.

> "육체의 연단은 약간의 유익이 있으나 경건은 범사에 유익하니 금생과 내생에 약속이 있느니라"

얼핏 생각할 때는 육체의 운동이 별로 중요하지 않다는 뜻으로 생각할 수 있지만 이 말씀을 유심히 보면 그런 뜻이 아닙니다.

이 말씀에서 강조하는 것은 경건한 습관이 중요하다는 것입니다. 영의 건강을 위해서 매일매일 영적 생활을 하는 것이 중요합니다. 영적 건강은 우리에게 영생의 유익을 가져다줍니다. 영적 생활에 비한다면 육신의 운동의 유익이 적지만 그렇다고 육신의 건강이 중요하지 않은 것은 아닙니다.

우리가 이 세상에 사는 동안에는 육신의 건강이 중요합니다. 몸이 건강하지 못하면 하나님이 우리에게 맡기시는 일을 다 할 수 없고 하나님이 원하시는 삶을 살 수 없습니다. 물론 몸이 건강하지 못하다고 해서 우리가 신앙인으로 살아갈 수 없는 것은 아닙니다. 건강이 안 좋아도 다른 사람을 사랑할 수 있고 기도할 수 있고 예배할 수 있고 일할 수 있습니다. 그러나 건강할 때만큼 모든 일을 할 수는 없습니다.

그러므로 우리는 하나님이 우리에게 주신 몸을 잘 관리하기 위해 힘써야 합니다. 건강하지 못한 음식을 먹고 적당한 운동을 하지 않는 것은 어리석은 태도입니다. 모든 사람은 운동이 필요합니다. 나이에 관계없이, 몸이나 키에 관계없이 모든 사람은 운동을 해야 합니다.

어떤 운동을 할 것이냐 하는 것은 사람에 따라, 취향에 따라 다를 수 있지만 모든 사람은 자기에 맞는 어떤 운동을 해야 합니다. 규칙적인 운동은 근육을 강화시켜주고 심장을 튼튼하게 해 주고 더 젊고 활기찬 삶을 살 수 있게 해 줍니다.

여러분이 운동을 해야 한다는 사실을 받아들이고 건강을 위해서 운동을 하기로 결심한다면, 이제 여러분이 할 일은 운동 계획을 세우는 일입니다. 매일 운동할 시간을 정하고 그 시간에 운동을 해야 합니다. 여러분은 그 시간을 다른 중요한 스케줄처럼 생각하고 매일 운동을 해야 합니다. 여러분의 스케줄에 집어넣지 않으면 여러분은 운동할 시간을 내기가 어려울 것입니다.

운동 계획을 세워보십시오. 이미 운동을 잘하고 있다면 그대로 하시고, 아직 운동을 시작하지 않았다면 지금부터 시작하십시오. 누구와 무엇을 어디에서 언제 왜 운동을 할지를 정해 보세요.

1) 누구와 하시겠습니까?

혼자 운동을 할지, 아니면 가족과 할지, 친구와 같이 운동할지를 정하십시오. 어떤 것도 다 좋습니다.

2) 무슨 운동을 하시겠습니까?

여러분은 산책을 할 수 있습니다. 조깅을 할 수 있습니다. 자전거를 탈 수도 있습니다. 아니면 수영반에 등록하거나 에어로빅을 할 수도 있습니다. 만일 어린아이가 있거나 도저히 밖에 나갈 시간이 없는 경우에는 집에서 러닝머신 위를 걷거나 운동 비디오나 CD를 틀고 에어로빅을 할 수도 있습니다. 무슨 운동을 하든지 여러분이 좋아하는 것을 하는 것이 유익합니다.

그리고 한 가지 운동을 하는 것이 지루하다면 두세 가지 운동을 해 볼 수 있을 것입니다. 똑같은 길을 매번 반복해서 걷는 것이 지루하다면 좀 다른 길을 걸어볼 수도 있습니다. 단 그 길이 걷기에 좋고 안전해야 합니다.

3) 언제 운동을 하시겠습니까?

일주일간 며칠을 운동하고 하루에는 몇 시간 운동할지를 정하세요. 건강전문가들은 일주일에 최소한 세 번 이상을 해야 된다고 말합니다. 세 번이면 격일에 하는 것이고 그 이상 하면 좋을 것입니다. 그리고 한번 운동하면 최소한 20분에서 30분 이상을 해야 합니다. 1시간 운동하면 가장 바람직합니다.

중요한 것은 일정한 시간에 규칙적으로 운동하고 또 지속적으로 운동하는 것입니다. 사람에 따라 다르지만, 좋은 방법은 일어나자마자 물을 두 컵 마시고 큐티집을 가지고 찬송하고 성경 읽고 기도한 다음, 산책을 나가거나 운동을 하는 것입니다. 아니면 새벽에 일어나서 새벽기도회에 나올 때에 걸어서 오고가는 것입니다. 아니면 점심때나 다른 시간에 수영이나 에어로빅을 하는 것입니다.

운동반에 등록해 코치를 받으면서 운동하면 혼자 운동하는 것보다 적절한 지도를 받을 수 있는 장점이 있습니다. 그리고 돈을 내고 등록을 했기 때문에, 최소한 그 기간에는 운동을 하게 될 것입니다.

4) 어디에서 운동하시겠습니까?

운동은 집에서 할 수도 있고 다른 곳에서 할 수도 있습니다. 다른 곳에서 할 경우에는 장소를 미리 정해야 합니다. 그곳이 산책로이든 헬스클럽이든 여러분이 쉽게 갈 수 있는 장소가 좋을 것입니다(겨울에 길이 미끄러울 때에는 집안에서 운동을 하는 것이 좋습니다).

5) 그리고 왜 운동하는지를 생각해야 합니다.

어떤 이가 운동해야 하는 40가지의 이유를 썼습니다. 이 리스트를 읽어보고 여러분에게 운동이 꼭 필요한 이유가 무엇인지를 기억하십시오. 그리고 혹시 운동하기 싫어질 때면 그 이유를 항상 떠올리십시오.

운동을 해야 하는 40가지 이유

1. 나의 지구력을 기르기 위해서.
2. 내가 병에 걸리지 않기 위해서.
3. 내 심장 근육을 튼튼하게 만들기 위해서.
4. 나의 체질을 향상시키기 위해서.
5. 긴장을 완화하고, 내 삶의 스트레스를 잘 처리하기 위해서.
6. 몸무게를 줄이고, 적정체중을 유지하기 위해서.
7. 변비를 예방하기 위해서.
8. 내 기분을 좋게 만들기 위해서.
9. 내가 밤에 잠을 잘 자기 위해서.

10. 피를 뇌로 올려 보내서 생각을 더 맑게, 더 분명히 하기 위해서.
11. 우울증을 극복하기 위해서.
12. 혈액 안에 고통을 감소시키는 베타 엔도르핀을 높이기 위해서.
13. 나의 신경조직이 더 능률적으로 일하게 만들기 위해서.
14. 나의 자긍심, 자신감, 자존감을 높이기 위해서.
15. 나의 심장 근육이 산소를 더 많이 사용해서 심장의 부담을 줄여주기 위해서.
16. 폐경기 증상을 완화시키기 위해서.
17. 두통을 완화시키기 위해서.
18. 위장 근육을 강화시켜서 허리병을 완화시키기 위해서.
19. 목과 어깨 통증을 완화시키기 위해서.
20. 내 혈액을 깨끗하게 만들기 위해서.
21. 내 소화기능을 도와주기 위해서
22. 너무 이른 노화를 지연시키기 위해서.
23. 몸의 유연성을 기르기 위해서.
24. 생리통을 완화시키기 위해서.
25. 동맥경화를 완화시키기 위해서.
26. 관절염을 완화시키기 위해서.
27. 중독 증세를 끊어버리기 위해서.
28. 고지혈증을 감소시키기 위해서.
29. 고혈압을 완화시키기 위해서.
30. 내 몸의 신진대사를 잘 조절하게 하려고.
31. 복부비만을 해결하려고.
32. 내 몸의 자세와 전반적인 모습을 개선하려고.
33. 만성 피로를 없애기 위해서.

34. 몸에 힘이 생기기 위해서.

35. 내 몸을 좀 더 날씬하게 만들어서, 옷 모양새가 나게 하려고.

36. 혈액순환을 개선하려고.

37. 음식 섭취와 배출의 균형을 이루게 하려고.

38. 내가 좀 더 명랑한 사람이 되려고.

39. 나의 골수가 적혈구를 더 많이 만들어내게 하여 혈액의 양이 늘어나게 하기 위해서.

40. 내가 절제하지 못하는 식욕을 조절하는 데 도움을 얻기 위해서.

운동을 하면 음식을 절제하는 데 도움이 됩니다. 그래서 건강식을 할 수 있게 됩니다.

운동을 시작할 때 주의할 것은 너무 갑자기 심한 운동을 하지 않는 것입니다. 언제나 시작은 천천히 하고 점차 운동의 강도를 높이되 여러분이 할 수 있는 이상의 운동은 하지 말아야 합니다. 가령 에어로빅을 갑자기 너무 심하게 하면 관절염에 걸릴 수 있습니다. 오래 전에 저는 그런 이를 보았습니다. 너무 갑자기 심한 운동을 하지 마세요. 만일 여러분이 운동을 하다가 한 주나 두 주 정도 쉬었다고 하면 다시 천천히 운동량을 늘려나가야 합니다.

적절한 음악은 운동하는 데 도움이 됩니다. 그래서 사람들이 산책을 하거나 조깅을 할 때 음악을 들으면서 합니다.

에어로빅 클래스에 가서 운동을 할 수도 있고, 수영을 할 수도 있고, 자전거를 탈 수도 있고, 자기 취미에 맞는 운동을 선택할 수 있지만, 역시 가장 좋은 운동 중의 하나는 걷는 것입니다. 예수님은 많이 걸으셨습니다. 예수님은 여러 곳을 다니며 사역하셨습니다. 언덕을 오르내리고 바다에도 가고 광야에도 가면서 걸으셨습니다.

우리가 특별한 시간을 내어서 걷거나 운동을 할 수 있지만 가장 좋은 것은 평상시에 활동적인 라이프스타일을 가지는 것입니다. 어디를 가든지 무엇을 하든지 걸을 수 있는 기회를 만들고 그것을 좋아하는 것입니다.

여러분이 식당에 가든지 직장에 가든지 아니면 집에 돌아왔을 때에도 차를 일부러 좀 멀리 세우십시오. 그리고 걸으십시오. 사람들은 조금이라도 가까운 데에 주차하려고 합니다. 그런데 가까운 데에 주차하려면 주차할 곳도 별로 없고 좁은 공간에 주차하려면 주차하는 것도 쉽지 않습니다. 일부러 좀 멀리 주차하고 걸어가십시오. 주차도 쉽고 운동도 하니까 이중으로 좋습니다.

계단도 가능하면 걸어 올라가세요. 계단을 내려가는 것은 무릎에 무리가 되지만, 천천히 올라가는 것은 무릎이 좋지 않은 사람이 아니라면 좋은 운동이 됩니다.

가능하면 가족들이 같이 걸으십시오. 만일 주말에 가족이 함께 저녁을 먹고 온 가족이 다 같이 나가서 산책을 하거나 작은 언덕을 오르거나 함께 시간을 가지면 좋을 것입니다. 아이들이 큰 다음에는 부부가 같이 산책을 할 수 있습니다.

제가 아는 목사님은 건강상의 이유로 운동을 해야 하는 분입니다. 큰 수술을 하고 늘 운동을 해야 건강이 유지되는 분입니다. 그래서 그 목사님은 운동 스케줄을 많이 만들어 놓습니다. 친구 목사님들과 족구를 하고, 운동하기 위해서 사진기를 가지고 걸어 다니면서 사진을 찍기도 합니다.

여러분도 아내와는 일주일에 한 번 이상 산책을 하고, 토요일에는 아들과 함께 야구공을 받아주고, 딸과는 공원에 가서 같이 자전거를 타고, 교회의 누구와는 같이 가까운 산에 갔다 오는 등 운동할 기회를 만들어 놓는 것입니다. 아이들과 바깥에서 활동을 자주 하면 아이들이 엄마 아빠에 대한 즐거운 기억들을 가지게 될 것입니다.

혹 어떤 이는 이렇게 생각합니다. '나는 운동 타입이 아니야. 나는 나이도 많고, 몸도 뚱뚱하고, 운동한다고 달라지는 것은 없을 거야. 전에도 다이어트를 해 보았지만, 결국 요요현상이 와서 원래대로 돌아갔지. 나는 희망이 없어.' 그렇게 생각하는 분이 있습니까? 그 생각은 사탄이 여러분의 마음에 심어준 거짓말입니다. 그런 말에 귀를 기울이지 마십시오.

우리는 하나님의 말씀에 귀를 기울여야 합니다. 하나님은 우리가 건강하기를 원하시고 또 건강할 삶을 살기를 원하십니다. 아무 보험회사에나 물어보십시오. 그 사람들은 말할 것입니다. 과체중인 사람은 정상체중인 사람보다 더 건강이 좋지 않고, 일찍 죽을 확률이 더 높다고 말할 것입니다.

하나님이 원래 우리에게 주신 몸은 쉽게 병에 걸리고 일찍 죽게 되는 그런 몸이 아니었습니다. 하나님이 원래 주신 몸은 건강한 몸이었습니다. 그리고 여러분은 지금이라도 시작하면 건강한 몸을 가질 수 있습니다. 아직 늦지 않았습니다.

우리는 100일간의 건강대행진을 시작했습니다. 이제 한 달이 지나가고, 두 달이 남아 있습니다. 이 기간에 우리는 건강한 습관을 길러야 합니다. 건강한 음식을 먹고 운동을 해야 합니다. 이 두 가지는 같이 가야 합니다. 둘 중에 하나만 하면 효과가 반밖에 안 나옵니다. 아무리 여러 해 동안 운동을 많이 해도 먹는 습관이 잘못되어 있으면 원하는 결과를 얻을 수 없습니다. 또 아무리 다이어트를 하고 금식까지 하면서 다이어트를 해도 운동을 하지 않으면 역시 좋은 결과를 얻을 수 없습니다. 그러므로 건강한 식사와 운동이 함께 가야 됩니다.

우리가 운동을 하면 근육이 만들어지고 지방은 태워집니다. 그래서 처음에는 몸무게에 큰 변화가 없을 것입니다. 지방이 사라지는 만큼 근육이 강화되기 때문입니다. 그러나 꾸준히 운동을 하면 결국에는 몸무게가 빠지게 될 것입니다. 규칙적인 운동을 하지 않고서는 체중을 줄이는 것이 불가능합니다. 굶어서 체중을 줄여도 운동하지 않으면 다시 체중이 늘어날 것입니다.

어떤 이는 특정 부위의 살에 대해 걱정합니다. 넓적다리 살, 엉덩이 살, 뱃살에 대해 신경을 씁니다. 그러나 지방은 온몸에 퍼져 있습니다. 그래서 어떤 특정부위의 지방이 사라지려면 몸의 칼로리 수요가 많아서 지방이 연료로 소비되어야 합니다.

그러므로 어떤 특정부위의 지방만 신경 쓸 것이 아니라 온몸 운동을 꾸준히 하다 보면 온몸에 있는 지방이 서서히 다 사라지게 될 것입니다. 그러니까 몸무게를 조절하는 것이나 지방을 빼는 것은 시간이 걸리는 일입니다. 며칠 만에 갑자기 효과를 보려고 하면 쉽게 실망할 것입니다.

꾸준히 인내심을 가지고 건강한 식사와 운동을 해야 합니다. 나이가 많아질수록 먹는 것은 덜 먹고 운동은 더 해야 합니다. 왜냐하면 우리의 신진대사가 느려지기 때문입니다. 사람들의 체중이 늘어나는 이유는 젊었을 때와 같은 양의 음식을 먹으면서 활동량은 줄어들기 때문입니다.

여러분이 정상체중보다 15~20kg이 많다면 의사에게 가서 건강을 체크하고, 특히 심장을 점검해 보아야 합니다. 심장이 괜찮다면 여러분은 건강한 음식을 먹기 시작하고 매일 걷기 시작해야 합니다. 당장 체중에 대해서 신경 쓰기보다는 건강과 좋은 식습관에 대해 신경 써야 합니다. 그리고 체중을 늘리는 음식인 고기나 빵이나 우유식품 섭취를 줄여야 합니다. 그런 음식을 먹지 않는 것이 아니라 줄여야 합니다.

중요한 것은 우리 몸이 어떻게 보이느냐 하는 것이 아니라, 우리 몸이 얼마나 건강해지는가입니다. 매일 20분 이상 운동을 하고 건강한 식습관을 가지면 언젠가는, 1-2년 후에는 완전히 건강한 몸을 가질 수 있습니다.

그러기 위해서는 절제가 필요하고, 훈련이 필요합니다. 영어에서 절제 또는 훈련을 discipline이라고 합니다. 그런데 discipline은 disciple, 제자라는 말에서 나왔습니다. 제자와 훈련 사이에는 분명한 상관관계가 있습니다.

하나님은 우리를 제자로 부르시고 하나님의 특별한 계획과 목적을 위해 우리를 사용하려고 준비시키십니다. 그런데 이때 하나님은 우리에게 절제하는 태도를 기르게 하십니다. 건강한 식사를 하고 규칙적인 운동을 하는 단순한 절제가 우리의 삶의 다른 분야에서도 절제하는 태도를 가지게 합니다. 육체의 절제 훈련이 영적인 절제 훈련으로 이끌어 주고 또 그 반대로도 이루어집니다. 서로가 서로에게 영향을 미칩니다.

그리고 영적인 훈련을 통해서, 우리는 주님을 온전히 섬길 수 있게 됩니다. 우리를 사랑하시고 돌보아주시는 완전하신 하나님을 섬기는 일은 가장 영광스러운 일입니다. 그리고 하나님을 섬기는 일은 우리가 강하고 건강한 몸을 가질 때 가장 잘 할 수 있습니다.

여러분, 저는 날씬한 몸이라고 하지 않았습니다. 강하고 건강한 몸을 가져야 합니다. 우리가 운동을 하는 이유는 건강을 위해서입니다. 우리가 절제해야 하는 이유는 경건의 목적을 위해서입니다.

우리의 몸과 혼과 영은 서로 연결되어 있습니다. 그래서 우리가 하나님의 마음을 가질 때에 하나님이 원하시는 몸을 가질 수 있습니다.

우리는 하나님의 자녀이고, 하나님의 일을 하고 하나님이 기뻐하시는 은혜로운 생활을 하기 위해서, 항상 긍정적인 마음을 가지고 교만하지 않고 지속적으로 우리 몸을 훈련시키는 절제가 필요합니다.

여러분, 과식하지 마십시오. 건강한 식사를 하십시오. 그리고 운동하십시오. 이것은 저의 이야기가 아니라, 건강전문가들의 이야기만이 아니라, 우리에게 몸을 주신 하나님이 원하시는 것입니다.

하나님은 우리의 삶에 목적을 가지고 계시고 계획을 가지고 계십니다. 하나님은 우리에게 무한한 가능성을 주셨습니다. 우리가 하나님께 온전히 우리 자신을 드리고 영적 훈련과 육신의 훈련을 위해 기꺼이 값을 치를 때 하나님은 우리를 온전히 사용하실 것입니다.

규칙적으로 운동하십시오. 그리고 지속적으로 운동하십시오. 어떤 때는 운동하는 것이 귀찮은 때도 있을 것입니다. 그래도 운동을 시작하십시오. 운동을 마치면 여러분의 마음에는 평안과 기쁨이 넘치고 여러분의 몸은 날마다 더 에너지가 넘치게 될 것입니다.

어떤 사람은 평생의 습관이 생기는 데 3주가 걸린다고 말합니다. 어떤 이는 10주가 걸린다고 말합니다. 우리는 100일간의 건강대행진을 시작했습니다. 혹 지금까지도 건강대행진을 시작하지 않은 분이 있다면, 지금 시작하십시오.

큐티집을 가지고 매일 경건의 시간을 가지고, 영의 건강, 몸의 건강, 삶의 건강을 위해 힘쓰십시오. 좋은 습관은 하루아침에 생기는 것은 아니지만, 지금부터 꾸준히 실천하면, 우리의 삶이 변하고, 우리의 몸과 마음이 변화될 것입니다. 그런 복이 우리 모두에게 함께하기를 주님의 이름으로 축복합니다.

성도님의 몸은 건강하십니까?

③ 휴식

> 시편 95:10-11
>
> ¹⁰내가 사십 년 동안 그 세대로 말미암아 근심하여 이르기를 그들은 마음이 미혹된 백성이라 내 길을 알지 못한다 하였도다 ¹¹그러므로 내가 노하여 맹세하기를 그들은 내 안식에 들어오지 못하리라 하였도다

건강대행진은 세 가지의 건강을 추구합니다. 그 세 가지가 무엇입니까? ① 영의 건강 ② 몸의 건강 ③ 삶의 건강입니다.

우리의 영과 혼과 육은 서로 연결되어 있습니다. 영의 건강과 마음의 건강과 몸의 건강이 서로 연결되어 있고, 서로 영향을 줍니다. 그러므로 우리는 하나님과의 관계를 바로하고, 다른 사람과의 관계를

잘하고, 그리고 우리 자신의 건강을 돌보아야 합니다.

몸의 건강을 잘 유지하기 위해서는 세 가지가 중요합니다. 그 세 가지가 무엇입니까? ① 건강한 음식을 섭취하는 것이고, ② 규칙적인 운동을 하는 것이고, ③ 충분한 휴식을 취하는 것입니다.

오늘은 그 세 번째, 휴식에 대해서 말씀드리겠습니다.

여러분, 휴식은 건강을 위해서 매우 중요한 요소입니다. 충분한 휴식을 취하지 않으면 건강할 수가 없습니다. 아니 휴식을 취하지 않으면, 생존할 수가 없습니다.

"No Rest, No Life"라는 말이 있습니다.

"No Rest-휴식이 없으면, No Life-삶이 없다."

생존할 수 없다는 말입니다. 여러분, 저를 한번 따라 하시기 바랍니다. No Rest, No Life. 휴식이 없으면, 생존할 수가 없습니다.

우리는 공기가 없으면 살 수 없습니다. 물이나 음식이 없으면 살 수 없습니다. 공기가 없으면 5분 이상을 살 수 없습니다. 물이 없으면 일주일 이상 살 수 없습니다. 음식이 없으면 90일 이상 살 수 없습니다.

그런데 잠을 자지 못하면, 10일 이상을 살 수 없습니다. 잠이 그만큼 중요합니다. 잠은 음식보다도 우리 생존에 더 필수적인 것입니다.

어떤 의학교수가 동물실험을 하고, 의학지에 발표를 했습니다.

그가 고양이 새끼들을 5일간 잠을 못 자게 했더니, 모두 죽고 말았습니다. 먹이는 잘 주었는데도 죽어버렸습니다.

반면에 다른 고양이새끼들은 20일간 먹이를 주지 않고, 잠을 잘 자게 해 주었더니, 약해졌지만 죽지 않았고, 잘 먹여주니까, 모두 회복되었습니다.

우리가 자는 동안, 신경조직이 활동을 멈추고, 우리 몸의 회복이 이루어집니다.

우리가 자는 동안, 음식이 세포조직으로 바꾸어집니다. 깨어 있을 때보다 자는 동안에, 세포들이 더 빨리 수리되고, 만들어집니다.

그리고 우리가 잠자는 동안, 우리 몸의 독이 제거됩니다. 그래서 우리의 혈액이 좋아집니다.

우리의 건강이나 매력, 미는 얼마나 충분한 잠을 자느냐에 의해 좌우됩니다.

잠을 잘 못 자면 노화가 빨리 진행됩니다. 오랫동안 잠을 못 자면 생존할 수가 없습니다. 그래서 전쟁 포로를 고문할 때 잠을 안 재우면, 나중에는 순순히 모든 것을 자백하는 것을 보게 됩니다.

그런데 어떻습니까? 많은 이들이 잠을 잘 자지 못하고 있습니다. 잠이 잘 들지 않고, 잠들었다가도 중간에 깨어나고, 그 후에는 잠이 잘 오지 않아서 밤새 몸을 뒤척입니다. 그것이 불면증입니다.

그래서 신경안정제나 수면제를 먹거나, 술을 먹거나, TV를 보면서 우리의 마음을 멍한 상태로 만들려고 애씁니다.

그런가 하면, 어떤 사람은 너무 잠을 많이 자는 것이 문제입니다. 이 사람들은 하루에 15시간 이상씩을 자고, 강의실이나 직장에서, 설교 시간, 심지어는 운전하다가도 조는 사람들이 있습니다. 이런 사람들도 건강의 균형이 깨어진 상태입니다. 피로가 회복되지 않아서 몸이 많은 시간을 자려고 하는 것입니다.

여러분, 우리가 일시적으로 약의 도움을 받을 수 있습니다. 의사의 처방을 받아서, 수면제나 안정제나 진통제를 복용할 수 있습니다. 어떤 경우에는 그런 약이 필요합니다. 그러나 수면제가 잠을 대신할 수는 없습니다. 여러분이 두통이 있다고 상습적으로 두통약을 복용한다면, 그것은 근본적인 치료가 아닙니다. 왜 두통이 나는지, 그 문제의 근원을 찾아서 근본적인 치료를 해야지, 약으로 증상을 가라앉히는 것이 근본적인 치료가 아닌 것처럼, 잠도 마찬가지입니다.

왜 잠을 잘 못 자는지, 그 근본 원인을 찾아서 고쳐야 합니다.

1. 불면증의 원인

여러분, 우리의 수면을 방해하는 것이 무엇입니까?

1) 과식과 독소식품 섭취

우리가 잠잘 때에 피가 맑아지고, 독소가 제거됩니다. 그런데 우리 몸에 독소가 많은 음식이 가득하면, 그 독소가 제거될 때까지 신경조직이 자극을 받아서 편안한 잠을 이루지 못하게 됩니다. 특히 신경이 예민한 사람은 불면증에 시달리게 될 것입니다.

2) 염려, 두려움, 분노

염려와 두려움, 분노는 수면을 방해합니다. 잠이 빨리 오지 못하게 하고, 한밤중에 깨어나게 합니다.

만일 여러분이 자주 한밤중에 잠이 깨서 잠을 잘 이루지 못한다면, 한번 생각해 보십시오. 여러분이 걱정거리를 다루지 않고, 자꾸만 외면하고 있는 것은 없는지 돌아볼 필요가 있습니다.

그런 경우에는 그 문제를 하나님께 가지고 나아가 기도해야 합니다.

하나님은 우리가 잠을 자도록 만드셨습니다. 잠을 잘 자는 것이 정상입니다.

시편 127편을 보면, "하나님이 사랑하는 자에게는 잠을 주신다"고 하셨습니다. 그러므로 우리의 삶에 걱정거리가 있을 때, 하나님께 기도하면서, 우리의 삶의 문제를 하나님께 맡겨드리고, 또 하나님이 기뻐하시는 신앙적인 선택을 하면서, 편안한 잠을 이루어야 합니다.

마태복음 11장 28절에서 예수님은 말씀하셨습니다.

> ⇨ "수고하고 무거운 짐 진 자들아 다 내게로 오라 내가 너희를 쉬게 하리라"

우리가 주님께 나아가 우리의 무거운 짐을 기도로 맡겨드리면, 주님께서 우리에게 쉼을 주실 것입니다.

3) 열악한 수면환경

열악한 수면환경도 불면증의 요인이 됩니다. 소리가 너무 시끄럽고, 침실이 어둡지 않고, 잠자리가 불편하고, 공기 순환이 안 되고, 너무 덥거나 너무 춥거나 옷을 너무 끼어 입으면 수면에 방해가 됩니다.

하나님이 우리 몸을 만드실 때는, 우리가 잠을 잘 자도록 만드셨습니다. 그러므로 우리가 원기를 회복하는 깊은 숙면을 가지는 것은 하나님께서 우리에게 주신 권리라고 할 수 있습니다.

이미 말씀드린 것처럼, 우리의 영, 혼, 육이 서로 연결되어 있기 때문에 우리가 영적 생활에 힘쓰면서 하나님과의 관계를 회복하고, 우리의 마음의 상처와 고통을 신앙적으로 치유해서 마음의 평안을 얻고, 그리고 음식과 운동과 휴식을 통해서 우리 몸의 건강을 회복해 나갈 때, 전인적인 치유를 통해서 불면증도 극복할 수가 있습니다.

2. 불면증의 해결책

이제 저는 불면증을 해결할 수 있는 실제적인 방법들을 말씀드리겠습니다. 혹 여러분 중에 불면증으로 고생하는 분이 계시다면, 다음의 해결책을 잘 기억하시기 바랍니다.

1) 일찍 잠자리에 드십시오.

여러분, 밤 12시가 되기 전의 밤 시간이 잠잘 때에 가장 많은 휴식을 주는 시간이라고 합니다.

하나님이 밤을 주신 것은 휴식을 위해서입니다. 하나님은 우리가 밤늦게 깨어 있고, 낮에 오래 자라고 밤을 주시지 않았습니다. 밤은 자는 시간, 낮은 깨어서 일하는 시간입니다. 그래서 밤 9시부터 아침 5시까지 8시간을 자는 것이, 새벽 4시부터 정오까지 8시간을 자는 것보다 더 정신이 맑아지고, 몸이 더 잘 회복됩니다.

그래서 밤 12시 전에 잠을 자는 시간이 질적으로 가장 좋은 잠을 잘 수 있는 시간입니다.

만일 여러분이 정말 밤 체질인 분이라면, 여러분이 야간 경비나 밤에 일하는 직업을 가지기에 알맞은 체질이겠지만, 일반적으로는 밤에 일찍 잠을 자고, 아침에 일찍 일어나는 것이 숙면을 위해서 좋은 습관입니다.

불면증이 있는 분은, 밤에 일찍 잠자리에 드시고 잠자는 시간이 거의 일정하도록 하는 것이 좋습니다.

2) 낮에 잠깐 쉬는 시간을 가지십시오.

여러분이 밤에 너무 피곤하면, 오히려 잠이 안 올 수가 있습니다.

그러므로 밤에 숙면을 취하기 위해서는 낮 시간에 잠깐 쉬는 시간을 가지는 것이 좋습니다. 물론 너무 긴 시간 낮잠을 자면 밤에 잠자는 데 지장이 되겠지만, 낮 시간에 20-30분 정도 낮잠을 자거나, 아니면 일하다가 잠깐씩, 한 10분 정도 휴식 시간을 가지고 신선한 공기와 햇볕을 쬐면서 심호흡을 하면, 수면에 많은 도움이 됩니다.

특히 우리가 햇볕을 쬘 때 비타민 D가 만들어지는데, 그것은 칼슘을 흡수하게 해서 우리의 신경을 안정시킵니다. 그리고 심호흡을 하면, 우리 몸의 독소를 제거하면서 신경을 안정시키기 때문에, 신선한 공기와 햇볕을 쬐는 것은 낮잠을 잔 것과 같은 느낌을 가져다 줍니다.

불면증이 있는 분은 몸을 너무 피곤하게 하지 말고, 잠깐씩 짧은 휴식 시간을 가지는 것이 좋습니다.

3) 운동량을 늘리십시오.

우리의 육체적인 활동량이 정신적인 활동량과 비슷하거나 더 많으면 잠을 잘 자게 됩니다. 그런데 육체적인 활동량은 적은데 정신적인 활동량이 많을 때 불면증이 찾아올 수 있습니다.

대개 불면증에 시달리는 사람은 운동이 부족한 사람들입니다.

전에 제가 일하던 교회의 권사님 한 분이 불면증으로 고생하고 있었습니다. 이 권사님이 사정이 생겨서 딸네 세탁소 일을 도와주게 되었습니다. 그런데 세탁소 일을 한 후에 불면증이 없어져 버렸습니다. 전에는 집에서 가만히 있으니까 생각만 많아지고 밤에 잠이 안 왔는데, 낮에 나가서 일하고 몸이 피곤해지니까 밤에는 단잠을 이루게 되었습니다.

꾸준한 운동을 하면 공기의 산소를 마시기 때문에, 노폐물이 제거되고 혈액이 깨끗해집니다.

그러므로 불면증이 있는 분일수록, 낮에 규칙적인 운동을 해야 합니다.

4) 건강한 음식을 섭취해야 합니다.

신선한 과일이나 야채 같은 자연식품은 우리의 신경을 안정시키는 역할을 합니다.

반면에 술이나 커피, 차, 콜라 같은 각성제가 있는 음식을 먹으면, 수면에 장애를 주게 되는데, 그런 음식을 이중적으로 먹게 되면, 불면에 시달릴 수밖에 없습니다.

우리 몸에 독소가 있으면 숙면을 취할 수 없기 때문에, 건강에 좋은 음식을 먹고, 과식을 하지 말아야 합니다.

어떤 이는 정기적으로 금식을 해서 몸의 독소가 빠지게 하는데, 금식하는 동안에는 수면에 지장이 있을지 모르지만, 금식이 끝난 다음에는 훨씬 잠을 잘 자게 될 것입니다.

5) 수면 환경을 개선하십시오.

앞에서 말씀드린 대로, 잠자는 방이 너무 시끄럽거나 불빛이 비치면 숙면에 방해가 됩니다. 그러므로 침실은 어둡고, 조용하게 만들어야 합니다.

그리고 침실이 통풍이 잘 되게 하는 것이 좋습니다. 침실이 너무 덥거나 공기가 전혀 통하지 않으면 숙면에 방해가 됩니다.

또한 잠자리가 너무 딱딱하거나 너무 푹신푹신하거나 고르지 않으면 잠자는 데 불편하고, 숙면에 방해가 될 것입니다.

여러분이 침대에서 잔다면, 매트리스는 좋은 것을 쓰십시오. 좋은 매트리스는 10년, 15년 이상 쓰기 때문에 그만한 가치가 있습니다. 밤에 잠을 잘 자야 낮에 일하는 데 능률이 오르고, 건강에도 도움이 될 것입니다.

6) 잠 잘 준비를 잘 하십시오.

우리가 잠자리에 들 때는 평안한 마음으로 들어야 잠을 잘 이룰 수 있습니다.

만일 여러분이 잠자리에 들기 전에 TV 공포영화를 보거나 도둑이 들어오는 범죄수사극을 보면, 잠자리가 뒤숭숭할 것입니다. 심각한 뉴스를 보거나 심각한 전화 통화를 하면, 편안하게 잠을 이루지 못할 것입니다.

심리학자들은 우리가 잠자리에 들기 전에, 매일 밤 일정한 준비과정을 가지는 것이 좋다고 말합니다. 그렇게 할 때, 우리의 몸과 마음이 잠을 잘 준비를 한다는 것입니다.

가령 세수를 하고, 이를 닦고, 머리를 빗고, 아이들 이불을 다시 덮어주고, 고양이를 문 밖으로 내보내고, 침대에 앉아서 성경을 몇 절 읽고 기도하면서, 내 삶의 문제를 하나님께 다 맡기고, 평안한 마음으로 자기 시작하는 것입니다.

불면증이 있는 분은 세수하고 이를 닦을 때 족욕을 하거나 샤워나 목욕을 할 수도 있습니다. 그렇게 하려면, 잠자리에 드는 시간이 조금 더 앞당겨져야 할 것입니다.

　우리가 매일 밤 잠자리에 들 때에, 습관적으로 일정한 의식을 치르듯이 똑같은 행동을 하면, 우리 몸이 그것을 잠자는 신호로 생각하고 잠을 잘 준비를 하게 될 것입니다.

　하나님은 우리에게 휴식이 필요하다는 것을 아셨습니다. 그래서 안식일을 정하셨습니다.

> 출 20:8-11 "안식일을 기억하여 거룩하게 지키라 엿새 동안은 힘써 네 모든 일을 행할 것이나 일곱째 날은 네 하나님 여호와의 안식일인즉 너나 네 아들이나 네 딸이나 네 남종이나 네 여종이나 네 가축이나 네 문안에 머무는 객이라도 아무 일도 하지 말라 이는 엿새 동안에 나 여호와가 하늘과 땅과 바다와 그 가운데 모든 것을 만들고 일곱째 날에 쉬었음이라 그러므로 나 여호와가 안식일을 복되게 하여 그 날을 거룩하게 하였느니라"

　하나님께서 율법을 주시면서 안식일을 정하신 것은 우리 몸이 휴식이 필요하다는 것을 아셨기 때문입니다. 일주일에 하루는 쉴 필요가 있기 때문에, 우리를 위해서 안식일의 계명을 주셨습니다. 우리가 안식일을 하나님이 주신 선물로 알고 안식일을 잘 지키면, 우리 몸이 건강해지고 우리의 삶에는 기쁨과 평안이 더해질 것입니다.

　안식일을 율법적으로 지킬 필요는 없습니다. 그러나 하나님이 주신 주일에 모든 세상 걱정은 잊어버리고, 회사의 프로젝트도 잊어버리고, 그 날에는 집안 청소하느라 애쓰지도 말고, 하루를 쉬면서 예배하는 날로 지키라는 것입니다.

그렇다고 아이들이나 배우자도 잊어버리라는 것은 아닙니다. 주일 아침에 엄마가 그냥 침대에 누워서 두 살짜리 아들에게 "아침밥은 네가 알아서 차려먹어, 오늘은 엄마 쉬는 날이야" 그럴 수는 없겠지요.

그러나 우리는 주일날에는 좀 다른 마음을 가질 필요가 있습니다. "오늘은 내가 쉬는 날이다. 오늘은 집안일을 잊어버리고, 회사 결재도 잊어버리고, 마감 날이나 물어야 할 빚도 잊어버리고, 낮잠도 좀 자고, 하나님과 가족들과 친구들과 인생을 즐거워하는 날이다."

주일은 세상일을 잊어버리고, 하나님을 더욱 생각하는 날입니다.

하나님은 이날에 우리와 더욱 친밀한 교제를 나누기 원하시고, 우리가 하나님의 은혜로 새로워지기를 원하시고, 이날에 우리의 몸과 마음이 더 힘을 얻게 되기를 원하십니다.

여러분, 우리가 이 다음에 천국으로 가게 될 때 우리는 완전한 안식을 얻게 될 것입니다. 그러나 우리가 이 세상에 사는 동안에는 항상 염려와 두려움이 찾아옵니다. 우리의 인생에는 폭풍이 몰려올 때가 있습니다.

비행기를 타고 가다가 갑자기 폭풍을 만나면 비행기가 심하게 흔들립니다. 그러므로 유능한 조종사는 가능한 한 폭풍을 피해서 비행기를 조종하려고 할 것입니다. 그리고 그것은 배를 항해할 때도 마찬가지입니다. 넓은 바다나 큰 호수 가운데에서 갑자기 폭풍을 만날 때 두려움을 느끼게 될 것입니다.

성경을 보면, 제자들이 갈릴리 바다를 작은 배를 타고 건너가고 있었는데 갑자기 폭풍이 몰려왔습니다.

마태복음 8장을 보면, 그때 바다에 큰 놀이 일어나 배가 물결에 덮이게 되었다고 했습니다. 그때 제자들은 바다에 빠져 죽을까봐 두려워했습니다.

우리의 삶도 그렇게 갑자기 인생의 폭풍이 몰려올 때가 있습니다. 갑자기 암의 진단을 받을 때가 있습니다. 갑자기 교통사고를 만날 때가 있습니다. 갑자기 사랑하는 사람이 세상을 떠납니다. 우리가 그런 일을 만날 때, 우리는 두려움에 사로잡힙니다.

제자들이 탄 배는 큰 기선이 아니었습니다. 아주 작은 나룻배였습니다. 그 폭풍 속을 헤쳐 나갈 수 있는 그런 배가 아니었습니다. 거기에는 구명대도 없었습니다. 큰 호수 가운데에서 폭풍에 배가 뒤집히면 살아남지 못할 것입니다.

여러분, 우리도 인생의 폭풍을 만나서 그것을 헤쳐 나가려고 하지만 힘이 없습니다. 우리는 그저 물결을 따라서 이리저리 흔들립니다. 이럴 때 우리는 우리 자신을 지키기도 어렵고, 다른 사람을 도와주는 것은 더 어려워집니다. 그때 필요한 것은 우리가 주님의 임재 앞으로 가서, 믿음으로, 폭풍 속에서도 안식을 누리는 것입니다.

성경은, 의심하는 자와 불순종하는 자는 하나님의 안식에 들어갈 수 없다고 말합니다.

⇨ 시 95:10-11 "내가 사십 년 동안 그 세대로 말미암아 근심하여 이르

기를 그들은 마음이 미혹된 백성이라 내 길을 알지 못한다 하였도다 그러므로 내가 노하여 맹세하기를 그들은 내 안식에 들어오지 못하리라 하였도다"

이스라엘 백성이 40년 광야생활을 하면서 하나님의 말씀을 의심하고 원망하고, 하나님의 뜻에 불순종했기 때문에 그들은 가나안 땅의 안식에 들어가지 못했습니다.

그러나 하나님은 하나님을 사랑하고, 하나님을 섬기는 자에게는 이 땅에 사는 동안에 안식을 주실 것을 약속하셨습니다. 하나님의 임재 하에 있을 때에, 우리는 안식을 누릴 수 있습니다.

- 출 33:14 "여호와께서 이르시되 내가 친히 가리라 내가 너를 쉬게 하리라"

모세는 언제나 하나님과 대화하며 하나님과 동행하였습니다. 그는 출애굽기 33장 15절에서 이렇게 기도했습니다.

- "모세가 여호와께 아뢰되 주께서 친히 가지 아니하시려거든 우리를 이 곳에서 올려 보내지 마옵소서"

모세는 하나님의 임재하에 있을 때만, 참다운 안식이 있음을 알고 있었습니다.

> 마 11:28-30 "수고하고 무거운 짐 진 자들아 다 내게로 오라 내가 너희를 쉬게 하리라 나는 마음이 온유하고 겸손하니 나의 멍에를 메고 내게 배우라 그리하면 너희 마음이 쉼을 얻으리니 이는 내 멍에는 쉽고 내 짐은 가벼움이라 하시니라"

우리가 주님과 함께 멍에를 지고 있으면 주님이 우리의 모든 짐을 지고 이끌어 주시기 때문에 우리의 영혼이 안식을 얻게 됩니다. 그러므로 우리가 하나님께 모든 것을 내어드리고 전적으로 하나님과 연결될 때, 우리는 완전한 안식을 얻게 됩니다.

여러분, 우리가 하나님의 말씀을 가까이 하고 하나님의 말씀에 순종할 때, 하나님이 우리의 삶을 돌보시고 우리의 삶에는 하나님의 평안이 임하는 것을 믿으시기 바랍니다.

1976년 7월, 이스라엘 특공대가 우간다 공항에 잡혀 있는 103명의 유대인 인질들을 구출했습니다. 15분 이내에 이스라엘 병사들은 7명의 인질범을 살상하고 인질들을 해방시켰습니다.

구출작전이 성공적이었지만, 세 명의 인질들은 그 작전 중에 사망하였습니다. 이스라엘 특공대가 터미널에 들어오면서, 히브리말로 "숙이시오! 엎드리시오!" 하고 소리쳤습니다. 유대인 인질들은 그 말을 알아듣고 땅바닥에 엎드렸습니다. 그러나 인질범들은 히브리말을 모르기 때문에 그대로 서 있었습니다.

특공대는 서있는 사람들을 쏘아서 살해했습니다. 그런데 그때 인질범 두 사람은 주저하다가 총에 맞았습니다. 세 번째 인질은 누워 있다가 특공대가 들어올 때 일어섰기 때문에 총에 맞았습니다. 그들 세 사람이 병사들의 명령에 따랐더라면, 그들도 모두 살아서 다른 인질들과 같이 돌아올 수가 있었을 것입니다.

여러분, 영과 혼과 육신은 서로 연결되어 있습니다.
매일 영적 생활을 통해서 하나님의 말씀에 순종할 때, 우리 영이 건강하게 됩니다.
다른 사람을 사랑하고 용서하라는 주님의 말씀에 순종할 때, 우리 마음이 평안하게 됩니다.
그리고 건강한 음식을 섭취하고 꾸준한 운동을 하고 충분한 휴식을 취할 때, 우리 몸이 건강하게 될 것입니다.
하나님의 은혜로 하나님의 샬롬이 여러분과 가정에 임하시기를 주님의 이름으로 축원합니다.

감사하는 마음을 가지십시오

빌립보서 4:4-9

⁴주 안에서 항상 기뻐하라 내가 다시 말하노니 기뻐하라 ⁵너희 관용을 모든 사람에게 알게 하라 주께서 가까우시니라 ⁶아무것도 염려하지 말고 다만 모든 일에 기도와 간구로, 너희 구할 것을 감사함으로 하나님께 아뢰라 ⁷그리하면 모든 지각에 뛰어난 하나님의 평강이 그리스도 예수 안에서 너희 마음과 생각을 지키시리라 ⁸끝으로 형제들아 무엇에든지 참되며 무엇에든지 경건하며 무엇에든지 옳으며 무엇에든지 정결하며 무엇에든지 사랑 받을 만하며 무엇에든지 칭찬 받을 만하며 무슨 덕이 있든지 무슨 기림이 있든지 이것들을 생각하라 ⁹너희는 내게 배우고 받고 듣고 본 바를 행하라 그리하면 평강의 하나님이 너희와 함께 계시리라

감사주일을 맞이할 때마다 우리는 감사에 대해 생각하게 됩니다. 어떤 이가 감사에 대한 글을 썼습니다. 그 글의 제목은 "I am thankful for, 내가 감사하는 것들"입니다.

나는 내가 내는 세금에 대해 감사한다.
왜냐하면, 그것은 내가 일하고 있다는 증거니까.
나는 내 옷이 약간 끼는 것에 대해 감사한다.
왜냐하면 그것은 내가 먹을 것이 많다는 말이니까.
나는 주차장 맨 끝에서 주차할 자리를 발견하고 감사한다.
왜냐하면 나는 걸어갈 수 있으니까.
나는 전기료가 많이 나온 것에 감사한다.
왜냐하면 나는 그만큼 덥게 지낼 수 있었으니까.
나는 정부에 대해 내가 들은 많은 불평들에 대해 감사한다.
왜냐하면 그것은 우리에게 언론의 자유가 있다는 증거니까.
나는 교회에서 내 뒤에 앉은 부인이 음정이 틀린 찬송을 부르는 것에 대해서도 감사한다.
왜냐하면 그것은 내가 들을 수 있다는 증거니까.
나는 우리 집에 빨랫거리와 다릴 것이 많은 것을 감사한다.
왜냐하면 그것은 내가 사랑하는 가족들과 함께 있다는 의미니까.
나는 새벽에 알람소리를 끄면서 감사한다.
왜냐하면 그것은 내가 살아있다는 증거니까.
나는 하루 일과를 마치고, 온몸이 지치고 피곤한 것을 감사한다.
왜냐하면 그것은 내가 열심히 일했음을 의미하니까.

감사할 수 있다는 것이 감사한 일입니다. 하나님이 나에게 주신 모든 축복에 대해서 감사할 수 있는 것이 축복된 일입니다.

여러분은 성경주석가인 매튜 헨리가 강도를 만난 후에 일기장에 쓴 감사에 대해 들었을 것입니다.

그는 이렇게 썼습니다.

> 나는 감사한다.
> 첫째, 내가 강도짓을 한 적이 없었던 것을 감사한다.
> 둘째, 그들이 내 지갑을 가져갔지만 내 생명은 해치지 않은 것을 감사한다.
> 셋째, 그들이 내가 가지고 있는 것을 전부 가져갔지만 그것이 많지 않았음을 감사한다.
> 넷째, 강도 만난 사람이 나이고, 다른 사람이 강도 만나지 않은 것을 감사한다.

우리가 그런 이야기를 들을 때에, 그 사람은 좀 현실감이 적은 사람, 딴 세상에 사는 사람이 아닌가 하는 생각이 들지 모릅니다.

그러나 매튜 헨리는 성경이 말하는 대로 순종한 것입니다. "주 안에서 항상 기뻐하라"고 한 오늘 본문 말씀대로 한 것입니다. 신앙인은 무슨 일이 일어나든지, 항상 기뻐하고 감사할 줄 아는 사람이 되어야 합니다.

I. 감사가 기쁨을 가져다주는 이유

여러분, 감사하며 살면 우리의 삶에 기쁨이 넘치게 됩니다. 감사는 기쁨을 가져다줍니다. 왜 그럴까요?

1) 감사는 회복하는 행동이다.

여러분, 일반적으로 사람들은 감사할 줄을 모릅니다. 그것이 우리의 본성입니다. 사도 바울이 로마서 1장 21절에서 "(그들이) 하나님을 알되 하나님을 영화롭게도 아니하며 감사하지도 아니하고 오히려 그 생각이 허망하여지며 미련한 마음이 어두워졌다"고 말한 대로, 우리의 자연스러운 경향은 감사하지 않는 것입니다.

그런데 우리가 감사하지 않는 것은 하나님을 무시하는 태도입니다. 이 세상을 만드신 하나님이 계시지 않는 것처럼 생각하고, 우리를 만드시고 우리를 구원하신 하나님의 은혜를 잊어버리는 태도입니다.

전에 이스라엘 백성은 그들을 구원해 주신 하나님의 은혜를 망각하고, 광야생활을 하면서 계속해서 하나님을 원망하고 불평했습니다. 그 결과 어떻게 되었습니까? 그들은 모두 약속의 땅 가나안에 들어가지 못했습니다. 40년 후에 그들의 자손들인 만나세대가 믿음으로 무장하고 가나안에 들어갈 수 있었습니다.

그러므로 불평은 파괴적인 행동이고, 감사는 회복하는 행동입니다.

2) 감사는 소망의 행동이다.

우리가 모든 상황에서 감사하는 것은, 미래에 하나님이 축복 주실 것이라는 약속을 믿기 때문입니다. 다음 주, 다음 달, 다음 해, 다음 십 년이나 이십 년은 힘들지 모르지만, 역사를 주관하시는 하나님께서 우리의 마지막 시간에 모든 것을 영광스럽게 만들어주실 것을 믿기 때문입니다.

- 롬 5:2-4 "또한 그로 말미암아 우리가 믿음으로 서 있는 이 은혜에 들어감을 얻었으며 하나님의 영광을 바라고 즐거워하느니라 다만 이뿐 아니라 우리가 환난 중에도 즐거워하나니 이는 환난은 인내를, 인내는 연단을, 연단은 소망을 이루는 줄 앎이로다"
- 롬 8:18 "생각하건대 현재의 고난은 장차 우리에게 나타날 영광과 비교할 수 없도다"

우리에게 이런 믿음이 있고 소망이 있기 때문에 우리는 모든 상황에서 감사할 수가 있습니다.

전에 플라톤이 동굴의 예를 들어서 이런 이야기를 했습니다. 어떤 사람이 동굴에서 태어나서 평생을 그 동굴 속에서 기둥에 묶인 채, 그 동굴 뒤의 벽만을 바라보고 살았다고 가정해 보십시오. 이 사람이 바라볼 수 있는 것은 그 벽뿐입니다.

가끔 그 동굴의 입구에서 사람들이나 짐승이 지나가면 그 벽에 희미한 그림자가 비칩니다. 그것이 그가 알고 있는 유일한 현실입니다. 그 동굴 밖에는 찬란한 색깔의 입체적인 세상이 펼쳐져 있지만, 그 사람은 그것을 알지 못합니다.

그때 누군가가 그에게 거울을 통해서 바깥 세상을 바라보게 한다면 어떻게 되겠습니까? 그러면 모든 것이 달라질 것입니다. 이 사람이 그림자를 볼 때에, 그 그림자를 넘어서 더 넓고 크고 밝고 찬란한 세상을 보게 될 것입니다.

여러분, 우리는 이 땅에 살면서 천국의 그림자들을 봅니다. 그러나 소망의 거울을 통해서 우리는 미래에 하나님께서 보여주실 더 찬란하고 아름다운 하나님의 세계를 바라봅니다. 그 영원한 세계를 바라보면서 우리는 기뻐하고 감사합니다.

> 고후 4:16-18 "그러므로 우리가 낙심하지 아니하노니 우리의 겉사람은 낡아지나 우리의 속사람은 날로 새로워지도다 우리가 잠시 받는 환난의 경한 것이 지극히 크고 영원한 영광의 중한 것을 우리에게 이루게 함이니 우리가 주목하는 것은 보이는 것이 아니요 보이지 않는 것이니 보이는 것은 잠깐이요 보이지 않는 것은 영원함이라"

비록 우리가 이 땅에서는 고난을 만나고 슬픔을 경험할 때도 있지만, 그때마다 소망의 창문을 열고 장차 우리가 받을 영원한 영광을 바라보며 기뻐하며 감사합니다. 그러므로 감사는 소망의 행동입니다.

3) 감사는 믿음의 행동이다.

우리가 이 세상을 살아가는 동안, 많은 고통과 눈물을 경험합니다. 죽음, 질병, 실직, 실패, 잘못된 투자. 우리의 삶에서 만나는 엄청난 시련으로 인해 우리는 실망하고 좌절하고 낙심합니다.

그러나 우리 신앙인은 그런 상황에서도 담대하게 서서 그 사태를 바라보며 감사할 수 있습니다. 그렇게 할 때에 우리는 흔들리지 않는 '하나님의 견고한 터' 위에 서게 됩니다(딤후 2:19).

하나님은 죄와 허물로 죽을 수밖에 없는 우리를 구원해 주시고, 마귀의 권세와 사망에서 영원히 건져주셨습니다. 아무도 우리를 그 하나님의 사랑에서 빼앗아갈 수 없습니다. 하나님이 우리에게 베풀어주신 은혜가 확실하기 때문에 우리의 감사도 확실해야 합니다.

오늘 우리의 삶이 어떤 형편에 있든지, 우리는 하나님께 감사해야 합니다. 나를 위해 죽으신 주님께 감사하고, 우리에게 고난을 주셔서 하나님의 사랑을 알게 하신 하나님께 감사해야 합니다.

여러분, 우리 신앙인은 믿음으로 행하고, 보는 것으로 행하지 않습니다(고후 5:7).

기뻐할 이유가 별로 없습니까? 그래도 기뻐하고 감사하십시오. 그러면 기뻐하게 될 것입니다.

오늘 우리는 모든 것을 알지 못합니다. 그러나 하나님은 모든 것을 알고 계십니다.

로마서 8장 28절 "우리가 알거니와 하나님을 사랑하는 자 곧 그의 뜻대로 부르심을 입은 자들에게는 모든 것이 합력하여 선을 이루느니라", 이 말씀이 사실이라면 오늘 우리가 어떤 형편에 있더라도 감사할 수 있습니다.

믿음이 없으면 하나님을 기쁘시게 할 수 없습니다(히 11:6). 오늘 어려운 환경에서도 주 안에서 기뻐하고 하나님께 감사를 드리는 믿음이 있을 때, 하나님을 기쁘시게 해드릴 수 있습니다.

우리가 하나님께 감사하는 것은, 우리가 보는 것뿐 아니라 보이지 않는 것으로 감사하는 일이기 때문에, 그것은 신앙적인 행동이고 하나님을 기쁘시게 하는 일입니다.

그러면 우리가 어떻게 감사하는 마음을 가질 수 있습니까? 오늘 본문을 보면, 우리에게 감사하는 마음을 일으키는 몇 가지 태도에 대해 말하고 있습니다.

2. 감사하는 마음을 일으키는 행동들

오늘 본문 말씀은 로마의 감옥에 갇혀 있는 사도 바울이, 빌립보 교회 성도들에게 보낸 편지입니다. 그때 빌립보 성도들은 로마 정부로부터 박해를 받고 있었습니다. 거기에다 내부적으로는 다툼이 있었습니다. 또 율법주의자들의 도전을 받고 있었습니다.

이런 성도들에게 준 사도 바울의 권면을 잘 살펴보면, 그들이 환경을 초월해서 감사할 수 있는 비결을 말하고 있습니다.

1) 항상 기뻐하라(4절).

⇨ 4절 "주 안에서 항상 기뻐하라 내가 다시 말하노니 기뻐하라"

사도 바울은 "항상 기뻐하라"고 말했습니다. 항상 기뻐하라는 말은 환경을 초월하는 기쁨을 가지라는 말입니다.

사도 바울은 이때 로마 감옥에 갇혀 있었습니다. 그것도 언제 처형될지 모르는 감옥생활이었습니다. 그 당시 감옥생활은 비참하였을 것입니다. 더구나 사도 바울은 건강이 안 좋았습니다. 그는 육체의 가시를 가지고 있었습니다. 몸도 좋지 않은데, 노구의 몸으로 감옥생활을 하려면 불편한 것이 많았을 것입니다.

그러나 사도 바울은 기쁨을 잃지 않았습니다. 왜냐하면, 그가 감옥에 있지만, 복음을 전하고 있었기 때문입니다. 빌립보서 1장 18절에서 사도 바울은 "그리스도가 전파되는 것을 기뻐하고 또 기뻐하겠다"고 말합니다.

사도 바울은 "항상 기뻐하라"고 말할 자격이 있는 사람이었습니다. 사도 바울이 빌립보 교회를 세울 때, 귀신들린 여종을 고쳐준 것 때문에 체포되어서 심하게 매를 맞고 깊은 감옥에 던져졌었습니다. 그때 바울과 실라는 오히려 기뻐하면서 찬송하고 기도할 때 지진이 나고 옥문이 열려서 간수와 그 가족을 구원하고 빌립보 교회를 세웠습니다.

혹 어떤 사람은 사도 바울이 두 번씩이나 "항상 기뻐하라. 다시 말하노니 기뻐하라"고 말한 것을 이상하게 생각할지 모릅니다. 기쁨이라는 것은 감정인데, 어떻게 기쁨의 감정을 가지라고 명령할 수 있는가, 군대에서 지휘관이 병사들에게 "너희들 기뻐해! 웃어!" 그럴 수는 없지 않는가, 생각할지 모릅니다.

그러나 여러분, 여기서 말하는 기쁨은 감정이 아닙니다. 그것은 하나님께서 신앙의 유익과 하나님 자신의 영광을 위해서 모든 것을 주관하고 계시다는 확신입니다. 그러므로 성도는 어떤 형편에서든지 기뻐해야 합니다.

"항상 기뻐하라" 이것은 현재 명령형입니다. 그 말은 계속적으로, 습관적으로 기뻐하라는 것입니다.

여러분은 얼마나 기쁨이 넘치는 삶을 살고 있습니까?

어떤 사람이 호텔에 들어갔는데, 한 테이블에 세 사람과 개 한 마리가 앉아서 카드놀이를 하고 있었습니다. 그런데 개가 이기고 있었습니다. 그런 진기한 광경을 보고, 그 사람이 말했습니다.

"개가 아주 똑똑하네요."

그러자 그들 중의 하나가 말했습니다.

"그렇게 똑똑하지는 않아요. 좋은 카드가 나올 때마다 꼬리를 흔들거든요."

이 유머는 아주 수준 있는 유머인데, 방금 웃으신 분은 상당히 수준이 있는 분들입니다.

우리 마음에 기쁨이 있으면, 그것이 우리 주변에 있는 사람들에게 전달됩니다. 잠언 15장 13절에 "마음의 즐거움은 얼굴을 빛나게 한다"고 하였습니다.

여러분, 기쁘게 사십시오. 많이 웃으십시오.

조지 뮐러는 그의 마음이 하나님의 은혜로 행복해지기 전에는 설교하지 않았다고 합니다.

그리고 요한 웨슬레는 모라비안 성도들이 매우 기뻐하는 모습을 보고, 자극을 받고 얼마 후에 진정한 회심에 이르게 되었습니다.

신앙인은 하나님이 모든 것을 주관하고 계시고, 그 하나님이 나를 구원하셨고, 영원한 천국으로 인도하실 것을 알기 때문에 항상 기쁨의 삶을 살게 됩니다.

어떠한 형편에서도 항상 기뻐하는 사람의 삶에는 감사하는 마음이 늘 넘치게 될 것입니다.

2) 모든 사람에게 관용하라(5절).

⇨ 5절 "너희 관용을 모든 사람에게 알게 하라 주께서 가까우시니라"

"모든 사람에게 관용하라"는 말은 다른 사람을 배려하는 마음을 가지라는 말씀입니다. 자기 자신에만 초점을 두지 말고, 다른 사람에게 너그러운 마음을 가지라는 말씀입니다.

빌립보 교회는 분열이 있는 교회였습니다.

- 빌 4:2 "내가 유오디아를 권하고 순두게를 권하노니 주 안에서 같은 마음을 품으라"
- 빌 2:2-4 "마음을 같이하여 같은 사랑을 가지고 뜻을 합하며 한마음을 품어 아무 일에든지 다툼이나 허영으로 하지 말고 오직 겸손한 마음으로 각각 자기보다 남을 낫게 여기고 각각 자기 일을 돌볼 뿐더러 또한 각각 다른 사람들의 일을 돌보아 나의 기쁨을 충만하게 하라"
- 빌 2:5 "너희 안에 이 마음을 품으라 곧 그리스도 예수의 마음이니"
- 빌 2:6-8 "그는 근본 하나님의 본체시나 하나님과 동등됨을 취할 것으로 여기지 아니하시고 오히려 자기를 비워 종의 형체를 가지사 사람들과 같이 되셨고 사람의 모양으로 나타나사 자기를 낮추시고 죽기까지 복종하셨으니 곧 십자가에 죽으심이라"

스티븐 호킹스(Steven Hawkings)는 금세기 최고 사상가 중의 하나로 여겨집니다. 그는 알버트 아인슈타인의 머리를 가진 사람입니다. 그러나 그는 자기 신발도 신지 못하고, 이도 닦지 못하고, 머리도 빗지 못합니다.

그 이유는 이분이 루게릭 병을 앓고 있어서 그의 몸이 뒤틀리고, 무력해졌기 때문입니다.

병 때문에 그의 몸의 신경들이 끊어져 버렸습니다.

그래서 그의 뇌는 엄청나게 훌륭한데, 그 뇌의 명령이 몸에 전달되지 못하고 그의 몸이 움직이지 못합니다.

여러분, 그리스도는 교회의 머리이고 우리는 그의 몸입니다. 그런데 호킹 씨의 경우처럼, 교회의 머리는 너무나 훌륭한데 몸이 문제입니다. 몸의 지체들이 머리이신 주님의 명령대로 하지 않고, 서로서로 연결되려고 하지 않습니다. 다른 사람에 대해 비난하고 안 좋게 말하는 것은, 그리스도의 몸에 루게릭 병을 퍼뜨리는 것과 같습니다.

성경은 다른 사람에 대해 관용하라고 말합니다. 여기 관용하라는 말, '에피에이케스'는 다른 사람의 실수에 대해서 너그럽게 대하라는 말입니다. 이 말은 겸손에서 나오는 친절한 태도를 가지라는 뜻이라고 합니다.

다른 사람의 무례나 학대나 불의에 대해서 원한의 마음이나 보복하는 마음을 가지는 것이 아니라, 겸손한 마음으로 그것을 인내하면서, 그를 너그러운 마음으로 용납하라는 말입니다.

여러분, 화목은 오직 그리스도의 보혈의 은혜로만 가능합니다.

⇨ 골 1:20 "그의 십자가의 피로 화평을 이루사 만물 곧 땅에 있는 것들이나 하늘에 있는 것들이 그로 말미암아 자기와 화목하게 되기를 기뻐하심이라"

교회의 머리이신 그리스도는 근본이 하나님의 본체이지만, 오히려 자기를 비워 종의 모습이 되시고, 사람이 되시고, 십자가의 죄수가 되셔서 죽기까지 복종하셨습니다. 그러므로 하나님께서 그를 지극히 높이시고, 모든 무릎이 예수의 이름에 꿇게 하시고, 모든 입이 예수 그리스도를 주라 시인하게 하셨습니다.

우리도 예수님의 마음을 가지고, 우리 자신을 낮추고, 십자가에서 죽으면 화목이 이루어집니다. 죄인을 사랑하시고, 죄인을 용서하시고, 죄인을 위해서 자신을 희생하신 주님의 마음을 가지면 화목이 이루어집니다. 결국 이것은 신앙의 문제입니다.

콰이 강의 기적이라는 책이 있습니다. 《Miracle On The River Kwai》라는 책은 에네스트 고든(Ernest Gordon) 목사가 자기의 경험담을 바탕으로 쓴 책입니다. 2차대전 때 일본군의 포로가 된 영국 병사들이 정글에서 철로를 깔면서 일어난 실화입니다.

처음에 포로들은 포로생활의 중압감 때문에 서로에게 잔인한 태도를 보였습니다. 그러나 어느 날 오후에 한 사건이 일어났습니다. 삽 하나가 없어졌습니다. 통솔 장교는 화가 나서 삽을 잃어버린 자는 나오라고 요구했습니다. 그러나 포로 중에 아무도 움직이는 사람이 없었습니다. 그러자 그 장교가 총을 꺼내들고 그들을 모두 죽이겠다고 위협했습니다. 정말 그 장교는 그렇게 할 것 같았습니다.

그때 한 사람이 앞으로 나섰습니다. 그 장교는 자기 총을 내려놓고, 삽으로 그를 때리기 시작했습니다. 그 사람이 죽을 때까지 때렸습니다. 상황이 다 끝났을 때, 살아남은 사람들이 그 사람의 시신을 들고, 움직여서 두 번째 검문소에서 도구 검문을 받게 되었는데, 그 때 보니 없어진 삽이 없었습니다. 그러니까 처음 검문소에서 숫자를 잘못 센 것이었습니다.

그 소식은 전 수용소로 퍼져나갔습니다. 죽은 사람은 죄가 없었지만 다른 사람을 구하기 위해 죽은 것이었습니다. 그 사건은 포로들에게 큰 영향을 미쳤습니다. 그 시간부터 포로들은 서로를 대할 때 형제처럼 대하기 시작했습니다.

그 죄 없는 사람은 다른 사람들의 생명을 구하기 위해 자신을 희생했지만, 그의 희생은 허무한 희생이었습니다.

주님은 자신의 생명을 내어주셨습니다. 의로운 자가 불의한 자들을 위해서, 옳은 자가 부정한 자들을 위해서 죽으셨습니다. 그래서 우리로 하여금 하나님과 화목하게 하시고, 다른 사람들과 화목하게 하셨습니다.

우리가 그런 주님의 사랑으로 용서함을 받은 자로서, 다른 사람에게 관용하고 용서할 때, 우리의 삶은 평안하게 되고, 감사가 넘치는 삶을 살게 될 것입니다.

3) 하나님을 믿고 기도하라(6-7절).

> 6-7절 "아무 것도 염려하지 말고 다만 모든 일에 기도와 간구로, 너희 구할 것을 감사함으로 하나님께 아뢰라 그리하면 모든 지각에 뛰어난 하나

님의 평강이 그리스도 예수 안에서 너희 마음과 생각을 지키시리라"

　이 말씀은 우리에게 아주 익숙한 구절입니다. 여러분 중에는 이 구절을 암송하는 분들도 있을 것입니다. 정말 암송할 만한 말씀입니다.
　"아무것도 염려하지 말고", 염려는 아무 유익이 없습니다. 백해무익합니다. 염려는 감사를 빼앗아 가고, 그 대신 불행을 가져옵니다. 그러므로 아무것도 염려하지 말고, 그 대신 기도해야 합니다.
　염려하지 말고 기도하라는 말씀은, 우리의 모든 필요를 공급하시는 분이 하나님이심을 믿고 기도하라는 말씀입니다.
　"나의 하나님이 그리스도 예수 안에서 영광 가운데 그 풍성한 대로 너희 모든 쓸 것을 채우시리라"(빌 4:19) 하고 말했습니다. 우리가 기도할 때, 하나님이 나의 모든 쓸 것을 주실 것을 믿고 기도해야 합니다.
　여기에 기도와 간구라는 말이 나왔습니다.
　기도는 우리가 하나님 앞에 드리는 일반적인 기도를 말하고, 간구는 특별한 기도를 말합니다. 우리는 모든 일에 기도해야 합니다. 우리는 큰 문제나 작은 문제나 하나님께 가지고 나아가 기도해야 합니다.
　하나님은 위대하신 하나님입니다. 우리에게는 큰 산이라도, 하나님에게는 두더지 흙두둑만도 못한 것입니다. 우리가 믿음으로 기도할 때, 하나님께서 우리에게 평안을 주십니다.
　그리고 간구는 특별한 기도를 말합니다. 우리는 일반적으로 기도할 수도 있고, 어떤 때는 특별한 기도제목을 가지고 기도할 수 있습니다. 혹 어떤 성도는 기도하려면, 기도할 것이 없다고 합니다.

그런 분은 손가락으로 기도할 수 있습니다.

⑴ 손가락 중에서 가장 가까운 손가락은 엄지입니다. 그래서 우리와 가장 가까운 이를 위해 기도할 수 있습니다. 우리의 부모님과 형제자매들, 그리고 결혼한 배우자와 자녀들을 위해 기도할 수 있습니다.

⑵ 그다음 손가락은 검지인데, 무엇을 가리킬 때 사용합니다. 그래서 우리에게 바른 방향을 가르쳐주는 사람들을 위해 기도할 수 있습니다. 선생님이나 신앙의 선배들, 목회자를 위해 기도할 수 있습니다.

⑶ 그다음 손가락은 장지입니다. 가장 긴 손가락입니다. 우리의 지도자들을 위해 기도해야 합니다. 대통령이나 정치지도자들을 위해서, 경제계의 지도자들, 영적인 지도자들을 위해서 기도할 수 있습니다.

⑷ 네 번째 손가락은 약지입니다. 이 손가락은 손가락 중에서 제일 약한 손가락입니다. 피아노 치는 사람에게 물어보면 그렇게 말할 것입니다. 우리는 우리 주변에 약한 사람들, 환자들을 위해 기도할 수 있습니다.

⑸ 마지막 손가락은 막내손가락입니다. 이 손가락은 제일 짧은 손가락입니다. 성경은 우리에게, "마땅히 생각할 그 이상의 생각을 품지 말라"고 말합니다. 그러므로 우리는 우리 자신을 위해서 기도할 수 있습니다.

여러분이 기도할 때, 기도할 것이 생각나지 않으면 이 다섯손가락 기도법으로 기도해 보십시오.

그런데 본문은 "너희 구할 것을 감사함으로 하나님께 아뢰라"고 말합니다. 하나님은 우리가 감사하는 마음으로 기도할 때 좋아하십니다. 불평하는 마음이나 원망하는 마음으로 기도하지 않고, 감사하며 기도해야 합니다.

감사하는 마음으로 기도한다는 것은, 하나님께서 내 기도를 응답하실 것을 믿고 기도하는 것을 말합니다.

응답하실 하나님께 미리 감사하면서 기도할 때, 하나님은 우리의 믿음을 보시고, 우리의 기도를 기쁘게 받으시고, 우리의 기도를 응답해 주시고, 우리 마음에는 평안을 주실 것입니다.

4) 긍정적인 생각과 행동을 하라(8-9절).

⇨ 8-9절 "끝으로 형제들아 무엇에든지 참되며 무엇에든지 경건하며 무엇에든지 옳으며 무엇에든지 정결하며 무엇에든지 사랑받을 만하며 무엇에든지 칭찬받을 만하며 무슨 덕이 있든지 무슨 기림이 있든지 이것들을 생각하라 너희는 내게 배우고 받고 듣고 본 바를 행하라 그리하면 평강의 하나님이 너희와 함께 계시리라"

이 말씀을 보면, 8절은 바른 생각에 대해 말하고, 9절은 바른 행동에 대해 말합니다. 바른 생각에서 바른 행동이 나오게 됩니다. 그런데 8절에서 말하는 것은 모두 긍정적인 생각들입니다.

오늘 본문을 보면, '이런 것들을 생각하라'고 말씀하였습니다. '이런 것들을 생각하지 말라'고 말씀하지 않았습니다.

긍정적인 생각은 어떤 것들입니까? 무엇에든지 참되며, 경건하며, 옳으며, 정결하며, 사랑받을 만하며, 칭찬받을 만하며, 무슨 덕이 있든지, 무슨 기림이 있든지, 이것들을 생각하라는 것입니다. 우리의 생각은 항상 진실하고, 경건하고, 옳고, 정결하고, 사랑받을 만하고, 칭찬받을 만해야 합니다. 칭찬받는다는 것은 주님의 칭찬을 받는다는 말입니다.

그리고 "무슨 덕이 있든지", 이 말은 도덕적으로 우월한 생각이어야 한다는 말입니다.

또 "무슨 기림이 있든지", 이 기림은 '찬송'(praise)을 말합니다. 그러니까 우리의 생각은 하나님께 찬송을 돌리고, 영광을 돌리는 그런 생각이어야 한다는 말입니다.

여러분, 이 세상에서 정말 그렇게 진실하고 정결하고, 하나님 앞에서 온전한 삶을 살았던 분이 있었습니다. 바로 예수 그리스도입니다. 우리는 주님과 같은 생각을 해야 합니다. 우리는 주님의 마음을 가져야 합니다.

그리고 9절에서는 바른 행동에 대해 말하는데, 놀랍게도 사도 바울은 "너희는 내게 배우고 받고 듣고 본 바를 행하라"고 말합니다.

사도 바울은 제2차 선교여행 때, 빌립보 교회를 개척했고, 3차 선교여행 때, 최소한 두 번을 방문했습니다. 그리고 빌립보교회 성도들이 로마에 갇혀 있는 사도 바울을 찾아오기도 했습니다. 그들은 사도 바울을 잘 알고 있었습니다.

그들은 사도 바울이 왕성하게 활동할 때도 그를 보았고, 또 사도 바울이 감옥에 갇히는 것도 보았습니다.

사실 우리가 어떤 사람을 가장 잘 알 수 있는 때는, 그 사람이 어려움을 겪을 때입니다. 그때 우리는 그 사람이 어떤 사람인지, 그 사람의 신앙이 말에만 그치는지, 삶에서 그대로 나타나는지를 알 수 있습니다.

빌립보 성도들은 사도 바울이 말할 수 없는 시련 속에서도 믿음을 굳게 지키는 것을 보았습니다.

그러므로 사도 바울이 "너희는 나를 본받으라"고 한 것은 자신을 자랑하는 것이 아니라, 그리스도를 자랑하는 것이었습니다. 사도 바울은 그리스도를 위해서 자신의 모든 것을 부어드렸습니다. 전제와 같이 자신을 다 부어드리고, 자신을 비워버렸습니다.

사도 바울은 성도들에게 본보기가 되는 사람이었습니다.

우리가 바라볼 사람은 그런 사람입니다. 우리는 주님을 바라보고, 주님의 말씀을 듣고, 바른 신앙, 긍정적인 신앙을 가진 성도들을 바라보아야 합니다.

항상 기뻐하고, 다른 사람에 대해 관용하는 마음을 가지고, 언제나 하나님을 의지하며 기도하고, 항상 긍정적인 마음과 삶으로 살아가는 성도가 되어야 합니다.

여러분, 우리의 생각이나 행동은 가능한 한 긍정적인 것이 좋습니다. 말을 해도 긍정적으로 하는 습관을 가지십시오.

어떤 목사님이 남자들의 모임에서 설교하면서 큰 종이 한 장을 붙여 놓고, 그 종이 한가운데에 검은 사인펜으로 점을 하나 그려 놓았습니다. 그리고 "여러분, 무엇을 보십니까?" 하고 물었습니다. 그러자 한 사람이 얼른 "검은 점을 봅니다" 하고 대답했습니다. 목사님은 "맞습니다" 하고는, "그러면 다른 것은 또 무엇을 보십니까?" 하고 물었습니다. 사람들은 대답을 하지 않고 가만히 있었습니다. 목사님은 말했습니다. "점 외에는 다른 것은 없습니까?" 하니까, 사람들은 "예-" 하고 대답했습니다. 그때 목사님이 말했습니다.

"저는 놀랐습니다. 여러분은 가장 중요한 것을 보지 못하였습니다. 흰 종이를 보지 못했습니다."

그러면서 설명을 했습니다.

우리의 인생에서 종종 작은 점 같은 실망스러운 일이나 고통스러운 일을 만납니다. 그런데 그것 때문에, 무수한 하나님의 축복을 잊어버릴 때가 많습니다. 종이 한 장 전체와 같은 좋은 것들이 우리의 관심을 끄는 작은 시련보다 훨씬 중요합니다.

어떤 이가 이런 글을 썼습니다.

"당신이 인생 길을 여행할 때 이것을 항상 기억하시오. 여러분의 눈은 항상 도넛을 보고, 도넛의 구멍을 보지 마십시오."

그렇습니다. 여러분은 인생의 시련에 초점을 맞추기보다, 하나님이 주신 축복에 초점을 맞추십시오. 시편 기자가 시편 68편 19절에서 "날마다 우리 짐을 지시는 주 곧 우리의 구원이신 하나님을 찬송할지로다"라고 한 것처럼 감사하며 사시기 바랍니다.

　염려는 아무 소용이 없습니다. 그 대신 우리는 기도해야 합니다. 감사함으로 기도할 때입니다. 하나님께서 우리의 기도에 응답하시고, 우리의 삶에 감사가 더욱 넘치게 해 주시기를, 우리와 우리의 가정이 그런 복을 받기를 주님의 이름으로 축원합니다!

풍성한 삶을 사십시오

골로새서 3:15-17

¹⁵그리스도의 평강이 너희 마음을 주장하게 하라 너희는 평강을 위하여 한 몸으로 부르심을 받았나니 너희는 또한 감사하는 자가 되라 ¹⁶그리스도의 말씀이 너희 속에 풍성히 거하여 모든 지혜로 피차 가르치며 권면하고 시와 찬송과 신령한 노래를 부르며 감사하는 마음으로 하나님을 찬양하고 ¹⁷또 무엇을 하든지 말에나 일에나 다 주 예수의 이름으로 하고 그를 힘입어 하나님 아버지께 감사하라

어떤 사람이 강도 두 사람을 만났습니다. 강도들은 지갑을 내놓으라고 했지만, 이 사람은 굴하지 않고 강도들과 맞서 싸웠습니다. 그러

나 결국 강도들이 이 사람을 굴복시키고, 지갑을 빼앗았습니다. 그런데 지갑을 열어보았더니 2천 원밖에 없었습니다. 강도는 놀라서 "돈도 없으면서 왜 그렇게 싸웠냐?" 하고 말하자, 이 사람은 재빨리 대답했습니다.

"나는 당신들이 내 신발창 밑에 숨겨 놓은 20만 원을 빼앗아 갈까 봐 그랬지."

여러분, 오늘 우리 그리스도인들은 영적인 부자들입니다. 다행히, 우리가 가진 영적인 풍성함은 아무도 빼앗아 갈 수 없습니다.

오늘 본문 성경을 보면, 우리 그리스도인이 가지고 있는 두 가지의 영적인 풍성함을 말하고 있습니다. 그 하나는 평안이고, 또 하나는 감사입니다.

1. 풍성한 평안

오늘 본문 15절 말씀을 보십시오.

⇨ "그리스도의 평강이 너희 마음을 주장하게 하라 너희는 평강을 위하여 한 몸으로 부르심을 받았나니 너희는 또한 감사하는 자가 되라"

이 말씀에서 우리는 세 가지의 평안을 발견하게 됩니다. 이 세 가지의 평안이 우리에게 필요합니다.

1) 그리스도의 평안입니다.

이 평안은 영적인 평안입니다. 이 평안은 우리가 그리스도 안에서 하나님과 나누게 되는 평화입니다(롬 5:1).

하나님과의 평안은 다른 모든 평안의 기초가 되는 평안입니다.

하나님과의 평안이 이루어져야 다른 모든 평안이 가능해집니다. 여러분은 이 평안을 소유하고 있습니까?

이 평안을 얻는 유일한 길은 예수 그리스도를 통해서 하나님께 나아가는 것입니다.

요한복음 14장 6절에서 예수님은 말씀하셨습니다.

⇨ "예수께서 이르시되 내가 곧 길이요 진리요 생명이니 나로 말미암지 않고는 아버지께로 올 자가 없느니라"

그리스도는 유일한 길(The only way)입니다.

2) 마음의 평안입니다.

하나님과의 평안을 가진 사람은 그다음으로 마음의 평안을 갖게 됩니다. 그리스도의 평안을 우리 마음에 가지는 것입니다. 이 마음의 평안을 가지면 모든 것이 잘되고 있다는 생각이 들고 안심이 됩니다.

하나님은 우리의 삶이 아무리 어렵고 복잡하더라도, 우리 마음이 평안하게 유지될 수 있는 내적인 평안을 주기를 원하십니다.

3) 다른 사람과의 평안, 다른 사람과의 화평입니다.

먼저는 하나님과 화평을 이루어야 합니다. 그러면 그 평안이 우리 마음에 임하게 됩니다. 그리고 이 평안을 다른 사람과 함께 나누게 됩니다.

오늘 본문에서 "너희는 평강을 위하여 한 몸으로 부르심을 받았다"고 말합니다. 우리가 다른 사람들과 한 몸을 이루어서 사랑하고 화목할 때, 우리 마음이 평안합니다. 그러나 한 몸을 이루지 못하고 불화하게 되면 우리 마음의 평안이 깨어지게 됩니다.

여러분, 우리에게는 이 세 가지 평안이 꼭 필요합니다. 영적인 평안, 마음의 평안, 다른 사람과의 평안, 이 세 가지는 순서적으로 주어집니다. 먼저 하나님과의 평안을 이룬 후에 마음의 평안이 오고, 다른 사람과도 화평을 이루게 됩니다.

그런데 오늘 어떤 사람들은 이 순서를 무시합니다. 아니 이 세 가지의 평안을 얻지 못하니까 어디 다른 곳에서 평안을 얻으려고 합니다. 내적인 평안을 얻지 못하니까 외부적인 곳에서 평안을 얻으려고 합니다.

어떤 이는 약을 먹어서 평안을 얻으려고 하다가 약물 중독이 됩니다.
어떤 이는 술에서 평안을 얻으려다가 알코올 중독이 됩니다.
어떤 이는 도박에서 평안을 얻으려다가 패가망신하고 맙니다.

또는 일시적인 쾌락에서 평안을 얻으려 하지만 허탈감만 더해집니다. 날마다 염려와 불안이 더하여 갑니다. 공연히 한숨만 내쉽니다. 두통으로 골치가 아픕니다. 종종 울적한 마음에 울컥울컥 슬픔이 올라옵니다. 몸은 피곤한데도 잠 못 이루는 밤이 늘어갑니다. 점점 판단력이 흐려집니다. 결단력이 약해집니다. 이럴까 저럴까 망설여집니다. 점점 피해의식만 많아집니다. 생산적인 삶이 되지 못합니다.

여러분, 참 평안은 어떻게 얻어집니까?

먼저는 하나님과 바른 관계를 맺어서 하나님과 화평을 이루어야 됩니다. 그다음에는 다른 사람과의 화평을 이루어야 합니다. 그러면 여러분은 주님의 평안을 마음에 소유하고 살게 될 것입니다.

하나님은 우리에게 풍성한 평안을 주십니다.

2. 풍성한 감사

두 번째로 그리스도인이 가지고 있는 영적인 풍성함은 감사입니다.

오늘 본문 성경 말씀을 유심히 보면, 감사하라는 말씀이 매절마다 반복되고 있습니다.

15절 - 너희는 또한 감사하는 자가 되라.
16절 - 감사하는 마음으로 하나님을 찬양하라.

17절 - 그를 힘입어 하나님 아버지께 감사하라.

계속해서 감사가 강조되었습니다.

신앙인의 특징은 감사하는 것입니다. 감사생활은 신앙의 최고봉입니다. 신앙인이 성숙해질수록 감사가 풍성해집니다. 가장 성숙한 신앙인은 감사가 라이프스타일(life-style)이 된 성도입니다.

오늘이 추수감사주일인데, 추수감사절이 시작된 것은 영국의 청교도들이 신앙의 자유를 찾아서 미국으로 건너갔을 때부터입니다.

청교도들이 미국에 건너갔을 때, 그들에게는 아무것도 없었습니다. 첫 번째 겨울을 지내면서 그들의 절반이 세상을 떠났습니다. 그들이 집을 지은 숫자보다, 죽은 사람의 무덤을 판 일이 7배나 많았다고 합니다.

두 번째 배가 식량을 싣고 왔을 때 그들은 안심했습니다. 그러나 그 배는 35명의 새로운 이주민들을 더 데리고 왔습니다. 그 말은 먹을 것이 그만큼 모자라게 된다는 의미였습니다.

그래도 그들은 하나님께 감사했습니다. 바다에서 잡은 조개 얼마와 물 한 컵을 앞에 놓고, '풍성한 바다와 모래 속에 숨어 있는 보화들에 대해서' 하나님께 감사했습니다. 그들은 하나님을 사랑하고, 하나님께 예배했습니다.

그렇게 감사로 시작한 나라에 하나님은 엄청난 번영을 허락하셨습니다.

청교도들은 첫 번 감사절을 지낸 이후에 그다음 해부터는 감사절 저녁을 먹기 전에 가족들의 빈 접시에 5개의 옥수수 낱알들을 올려놓았다고 합니다. 그리고 아빠, 엄마, 자녀들과 손님들이 차례로 옥수수 한 알씩을 들고, 그들이 감사하는 것이 무엇인지를 이야기했다고 합니다.

그들이 다섯 개의 옥수수를 올려놓은 것은, 그것이 청교도들이 첫 해에 그 어려운 환경에서 생활할 때, 하루에 각 사람에게 나누어 주었던 식량이 옥수수 다섯 알이었기 때문이었습니다.

오늘 아침, 저는 저의 5가지 감사를 말씀드리겠습니다.

1) 번영

첫 번째로, 저는 우리가 누리고 있는 번영에 대해 감사합니다.

지금 우리나라가 경제불황이라고 하지만, 유사 이래 가장 잘사는 나라가 되었습니다.

며칠 전, 저의 고등학교 동창이 미국에서 귀국하여 함께 점심을 먹었습니다. 그 친구는 미국에 일찍이 들어가서 아마 한 40년 가까이 되었을 것 같은데, 이번에 한국에 와서 여러 곳을 다녀 보았다고 했습니다.

그러면서 하는 말이, 한국은 어디를 가나 다 발전한 모습을 볼 수 있다고 했습니다. 강원도 영월에 친구가 있어서 그곳에서 며칠을 지냈는데, 거기도 거리가 깨끗하고 잘 꾸며 놓았고, 집집마다 자동차 한 대씩은 다 있더라고 했습니다.

이제 우리는 이전 세대보다 훨씬 더 좋은 집에 살고, 더 좋은 것을 사용하고, 더 잘 먹고 있습니다. TV, 냉장고 없는 집은 거의 없습니다.

> ⇨ 신 8:18 "네 하나님 여호와를 기억하라 그가 네게 재물 얻을 능력을 주셨음이라"

우리는 우리가 누리는 축복에 대해 하나님께 감사드려야 합니다.

그러나 내가 가진 것이 풍부하다고 하나님께 감사한다면, 가진 것이 많지 않은 사람은 하나님께 감사하지 말아야 합니까?

오늘 나의 식탁에 맛있는 음식이 넘쳐서 하나님께 감사한다면, 매일 밤 배가 고픈 채 잠자리에 들어가는 세계 인구의 2/3는 그들의 곤경 때문에 하나님께 원망을 해야 합니까?

만일 내가 건강을 누리고 있는 것에 대해 하나님께 감사한다면, 건강하지 못한 사람은 어떻게 해야 합니까? 그들은 하나님께 원망할 자격이 있습니까? 그런 것은 아닐 것입니다.

역경 중에도 감사했던 청교도들처럼, 우리는 하나님께서 우리 모든 사람에게 주시는 영적인 축복에 대해서 하나님께 감사해야 합니다. 오늘 우리가 어떤 형편에 있든지, 하나님께 감사할 수 있습니다. 그래서 사도 바울은 "주 안에서 기뻐하라 내가 다시 말하노니 기뻐하라"고 말했습니다.

우리는 우리가 누리는 모든 축복의 조건에 대해 감사해야 합니다.

2) 가족과 친구들

두 번째로, 저는 저의 가족에 대해 하나님께 감사합니다.

하나님께서는 저에게 귀한 신앙의 가족들을 주셨습니다. 저를 너무나 위해 주고 목회의 좋은 내조자인 아내를 주셨고, 저에게 너무나 소중한 아이들을 주셨습니다.

저를 신앙으로 양육해 주실 뿐 아니라, 신앙인은 어떻게 살아야 하는지 본을 보여주신 저의 부모님이 계셔서 저에게 너무나 많은 사랑과 기도를 베풀어 주신 것을 감사합니다. 저에게 네 동생들이 있는데, 모두 신앙과 인격이 좋은 사람들입니다. 그리고 저희 가정을 위해 기도해 주시는 성도님들이 계십니다. 성도님들이 저희에게는 신령한 가족들입니다.

저는 하나님이 허락하신 가족들에 대해 감사드립니다.

3) 교회

세 번째로, 저는 저에게 교회를 허락하신 하나님께 감사를 드립니다. 저는 교회에서 자라났고, 교회는 저에게 기쁨과 평안과 위로를 주는 곳이었습니다.

어려서부터 저는 교회는 건물이 아니라, 사랑스러운 성도들이라는 것을 알았습니다. 저는 성도들이 좋았습니다.

주일은 저에게 축제의 날이었습니다. 저는 하루종일 교회에서 지내며 즐거워했습니다.

제가 자라날 때, 사택이 교회 안에 있었습니다. 저희 집에서 문을 하나 열면 거기가 본당이었습니다.

제가 중학생이 되었을 때, 저는 예수님을 사랑하게 되었고, 밤중에 살그머니 교회에 들어가서 기도하기도 했습니다. 새벽에는 어머니에게 깨워달라고 해서 새벽기도를 나가기도 했습니다.

하나님은 어디에나 계시고, 어디에서나 저를 만나 주셨지만, 교회에서 하나님께 예배하며 하나님을 찬양하고, 성도들과 함께 어울리는 일은 저에게 너무나 많은 은혜가 되었습니다.

저는 저에게 교회를 주신 하나님께 감사합니다.

4) 예수 그리스도

네 번째로, 저는 그리스도로 인해 감사를 드립니다.

성경은 예수님은, 처음과 나중이시고 빛나는 아침별이시고, 선한 목자이시고, 세상의 빛이시고, 역사의 중심이시라고 말합니다. 이 아침도 우리는 함께 모여서 주님의 성호를 높이며 찬양합니다.

예수님은 이 세상에 우연히 오신 것이 아니라, 하나님의 계획과 뜻에 의해 오셨습니다. 사람들은 하나님께 죄를 짓고, 길을 잃어버렸지만, 예수님이 오셔서 구원의 길을 마련해 주셨습니다.

예수님은 오셔서 십자가 위에서 우리의 모든 죄와 형벌을 대신 지고 죽으셨습니다.

주님은 지금도 우리를 구원하시고, 변화시키는 일을 하십니다. 그를 통해서 우리는 하나님께로 나아갈 수가 있습니다.

Mack Stokes라는 이가 예수님에 대해 이런 글을 썼습니다.

어떤 사람들은 예수님의 지상 생애가 그리 대단하지 않다고 말합니다. 그는 책을 쓰신 일도 없고, 노래를 작곡한 일도 없고, 그림을 그리지도 않았고, 조각품을 만든 일도 없습니다. 재산을 모은 일도 없습니다. 군대를 통솔한 일도 없고, 나라를 다스린 적도 없습니다.

그러나 한 줄의 글도 남기지 않으신 주님은 셀 수 없이 많은 책들의 주인공이 되셨습니다.

하나의 노래도 쓰지 않으셨지만, 이름 없는 수많은 무리들의 가슴 속에 찬양의 마음을 심어주셨습니다.

어떤 기관도 세우지 않으셨지만, 온 세상의 수많은 교회의 머릿돌이 되셨습니다.

이 세상 나라의 왕이 되는 것을 거절하셨지만, 온 인류의 주가 되셨습니다.

예수님의 수치스러운 죽음은 그 당대의 역사의 웅덩이에 작은 물결을 일으켰지만, 그가 죽으신 후에 그 물결은 거대한 대양의 강력한 조류가 되었습니다.

예수님은 저의 삶을 변화시켜 주셨습니다. 저의 인생을 훨씬 좋은 인생으로 바꾸어 주셨습니다.

저는 주님께 감사를 드립니다. 여러분도 주님의 은혜를 받은 분이라면, 주님께 감사하십시오.

아직 주님의 은혜를 받지 못하신 분은 주님께 구하기만 하세요.

그러면 구원의 은혜를 주실 것입니다.

5) 천국

다섯 번째로 저는 천국에 대해서 감사를 드립니다.

Fred라는 사람이 천국 문에 갔는데, 거기에는 어떤 천사가 종이를 끼우는 클립보드를 가지고 기본적인 사실을 기재하려고 물었습니다. 이름, 주소, 그 밖에 몇 가지 개인정보에 대해 물었습니다.

그리고 그 천사는 말했습니다.

"Fred, 일을 빨리 진행하려고 물어보는데, 혹시 당신의 삶에서 정말 이타적인 일을 한 적이 있습니까?"

그때 Fred는 잠시 생각하더니, "예, 아마 천사님이 흥미를 가질 만한 일이 하나 있습니다"라고 말하고 이렇게 얘기했습니다.

"어느 날, 제가 길을 걸어가고 있는데, 덩치가 어마어마하게 큰 어떤 오토바이 갱단원 하나가 한 작은 할머니를 때리고 있는 광경을 보았습니다. 그 사람은 가죽점퍼를 입고, 팔뚝에는 문신을 하고, 체인을 감고 있었습니다. 그 사람은 1m 90cm나 되고, 몸무게가 100kg이 훨씬 넘는 거구였습니다. 그런 사람이 노인을 마구 때리는 것이었습니다. 나는 그의 오토바이로 가서, 그 오토바이를 발로 힘껏 차서 넘어뜨렸습니다. 그 사람의 주의를 딴 데로 돌리려는 것이었지요. 그리고 나는 그의 정강이를 세게 걷어차고, 그 할머니에게 '도망가세요' 하고 소리쳤습니다. 그 다음에 나는 주먹으로 그 사람의 배를 힘껏 내리쳤습니다."

그러자 천사가 Fred를 쳐다보면서 말했습니다.

"와, 대단한 이야기네요. 아주 감동적입니다. 그 일이 언제 일어났지요?"

그러자 Fred는 시계를 쳐다보더니 말했습니다.

"약 2분 전입니다."

예수님은 "내가 너희 처소를 예비하러 가겠다"고 하셨습니다. 저는 천국에는 황금 길이 있고, 진주 문이 있고, 각종 보석으로 꾸며진 아름다운 집에 여러분의 문패가 붙어 있을 것이라고 말할 수도 있겠지만, 그보다도 더 중요한 것은 예수님의 말씀입니다.

예수님은 "가서 너희를 위하여 거처를 예비하면 내가 다시 와서 너희를 내게로 영접하여 나 있는 곳에 너희도 있게 하리라 "(요 14:3)고 말씀하셨습니다. 그것이 최고의 약속입니다.

제가 이 세상에 사는 동안 주님을 제 마음에 모시고 산 것도 행운이었지만, 언젠가 천국에서 주님을 실제로 만나서 영원히 주님을 모시고 살게 될 것입니다. 그것이 저의 생애 최대의 행운이 될 것입니다.

죽음 후에는 새로운 삶이 있습니다. 무덤이 마지막이 아닙니다. 죽음은 영생의 시작일 뿐입니다.

천국이 어디에 있습니까? 성경은 천국이 어디인지는 말하지 않지만, 천국은 실제적인 장소라고 분명히 밝히고 있습니다.

우주에는 수많은 별들이 있습니다. 십억 개의 갤럭시가 있고, 각 갤럭시의 크기는 직경이 10만 광년이 넘습니다. 하나님은 그 어디엔가 천국을 마련해 놓으셨을 것입니다. 그 장소가 어디인지는 잘 모르지만, 분명한 것은 거기에는 예수님이 계신 곳이라는 것입니다.

그러므로 신앙인은 낙심하지 않습니다. 우리는 주님이 주시는 기쁨과 평안과 용서를 가지고 이 세상을 살다가 이 후에는 천국에 가게 될 것입니다.

그것이 우리가 감사하는 이유입니다.

우리의 삶이 어떠하든지, 하나님이 우리에게 풍성한 평안을 주십니다. 그리고 이 후에는 영원한 천국을 허락해 주시기 때문에 우리는 풍성한 감사를 가지고 살아갑니다.

대한민국을 울린 아버지가 있습니다. 이분은 6가지 이상의 장애를 가지고 태어난 은총이 아빠입니다.

3개의 난치병과 6개의 불치병을 가지고 태어난 은총이는 생후 3개월부터 심한 경기를 하기 시작했고, 뇌가 굳어가는 희귀 난치병 때문에 1년밖에 살지 못한다는 진단을 받았습니다. 그러나 은총이는 한쪽 뇌를 절제하는 수술을 비롯해서 어려운 병원 치료를 받으면서 생명을 이어나갔습니다.

아빠는 은총이에게 세상의 좋은 사람들을 만나게 해 주려고, 1,500km 국토대장정을 시작했고, 아들이 좋아하는 것을 보고, 마라톤과 철인3종경기에 도전했습니다. 은총이 아빠는 운동을 하던 사람이 아니었습니다. 철인3종경기는 수영 1.5km, 사이클 40km, 마라톤 10km를 달려야 하는, 보통사람은 엄두도 낼 수 없는 경기입니다. 은총이 아빠는 철인3종경기를 아이와 함께 하기 위해 연습을 시작했습니다.

은총이 아빠는 그 후에도 새만금마라톤, 동아마라톤, 중앙마라톤, 거북이마라톤, 국제평화마라톤, 경주마라톤, 한강철인3종경기, 목포철인3종경기, 통영철인3종경기 등 수많은 경기에 참가해서 은총이와 함께 완주했습니다. 이런 은총이 아빠의 이야기가 알려지면서, 많은 아픈 사람들에게 용기와 희망이 전해지고 있습니다.

아래는 은총이 아빠인 박지훈 집사님이 저희 교회에 오셔서 전해 주신 얘기들을 보기 쉽게 표로 정리한 내용입니다.

질문 1 은총이가 아픈 것을 언제 아셨습니까?

박지훈 집사 답변:
> 은총이는 태어날 때부터 아팠습니다. 대학병원에 가서 검사를 받았는데 짧으면 6개월에서 길면 1년 정도 살 거라는 말을 들었습니다.

아이가 그렇게 아프다는 것을 알았을 때, 충격이 많으셨겠네요. 그때의 상황을 설명해 주세요.

박지훈 집사 답변:
> 하늘이 무너지는 것 같았습니다. 영화나 책 속에서 있을 법한 일들이 나의 현실에 닥쳐서 하나님을 원망하기도 했습니다.

질문 2 그때부터 은총이는 엄청난 시련을 겪으면서 투병을 하게 되고, 집사님네는 아들을 돌보는 일에 전념하게 되었을 텐데, 집사님, 무엇이 가장 힘들었나요? 아이를 돌보는 것이 힘들었나요?

박지훈 집사 답변:

> 병원생활을 하면서 은총이에게 아무것도 해줄 수 없는 것이 힘들었습니다. 가장 슬펐던 것은 은총이 첫 생일날 즈음 경기가 심해서 이대로 은총이를 잃지는 않을까 하는 두려움이 찾아오며 많이 힘들었습니다.

질문 3 은총이의 아픈 모습을 보면서 주위 사람들의 시선이 힘들었나요?

박지훈 집사 답변:

> 사람들의 시선이 가장 힘들었습니다. 은총이가 다른 모습을 하고 있어서 사람들이 많이 쳐다보며 비난과 외면, 냉대, 막말을 하는 것이 두려웠습니다. 그러나 교회 안에서 은총이가 많은 사랑을 받고, 평범한 아이로 자랄 수 있어서 너무 감사했습니다.

질문 4 집사님 가정은 그런 절망스러운 상황을 어떻게 이겨나갈 수 있었을까요? (이때 신앙이 미친 영향도 포함해서 이야기해 주시면 좋겠습니다.)

박지훈 집사 답변:

> 하나님을 믿지 않았다면, 이 자리에 없을 것입니다. 그 가운데 은총이를 위해 기도해 주시는 분들이 많이 있어서 힘을 낼 수 있었고, 은총이 또한 살아 있는 원동력이라고 생각합니다.

질문 5 집사님은 아들을 위해서 철인3종경기에 나가셨고, 여러 번 그 경기를 완주하셨고, 몇 년 전부터는 은총이와 함께하는 철인3종경기를 시작하셔서, 지난 9월에 제3회 철인3종경기가 있었고, 천여 명의 철인 들이 참석해서 장애인들을 돕는 행사를 하셨는데, 그 과정을 통해서 집 사님이 얻은 교훈이랄까, 보람이 있다면 무엇일까요?

(좋은 뜻에 함께해 주는 고마운 분들이 많은 것에 대한 집사님의 감사한 마음을 말씀하시면 좋을 듯합니다.)

박지훈 집사 답변:

> 경기 이름이 '은총이와 함께하는 철인3종경기'인데요. 경기의 수익금 2억 정도를 '푸름의 재단'이라는 어린이 재활병원에 후원을 하고 있습니다. 함께 참석하신 분 중 20여 명이 은총이를 위해 보디가드 역할을 해 주시며, 마라톤 완주 지점까지 함께해 주셨습니다. 그리고 골인 지점쯤 왔을 때, 그분들이 '여기서 부터는 혼자 걸어가라'고 하는 말을 들으며, 하나님께서 저에게 해 주시는 말씀과 같아서 많이 힘이 났습니다. 이후 이런 후원 행사를 통해 어린이 재활치료병원을 후원하고 있는데, 아이들이 일어설 수 있도록 많은 관심을 가져 주시기를 부탁드립니다.

질문 6 지금 어려움을 겪고 있는 가정이 많이 있습니다. 자식으로 인해 어려움을 겪고 있는 분들도 계시고, 질병 때문에 또는 어떤 삶의 장애 때문에 고통을 겪고 있는 분들이 많이 있는데, 그분들에게 하시고 싶은 말씀이 있다면, 무엇인지 말씀해 주세요.

> **박지훈 집사 답변:**
>
> 학교나 단체에 가서 강의하면 포기하지 말라고 말합니다. 은총이에게도 포기란 단어를 가르쳐 주고 싶지 않습니다. 특히 하나님께서 우리에게 주신 삶 포기하지 말고 힘내셨으면 좋겠습니다. 하나님께서 주신 힘으로 1년밖에 살지 못한다고 했던 은총이가 13년을 살고 있습니다. '주님 감사합니다'라는 표현을 할 때 하나님의 도우심을 날마다 경험하게 될 것입니다. 감사합니다.

집사님, 오늘 멀리 오셔서 귀한 이야기를 나누어 주셔서 감사드립니다. 앞으로도 은총이를 잘 돌보시고, 더 많은 이들에게 용기와 희망을 전해 주시기 바랍니다.

신앙인의 감사는 환경을 초월한 감사입니다.

여러 해 전에 세상에서 가장 평화로운 그림을 뽑는 대회가 있었습니다. 심사위원들이 심사숙고하면서 최종적으로 두 그림을 선정했고, 최종 심사를 하게 되었습니다.

첫째 그림을 펼쳤을 때, 거기에는 따뜻하고 아름다운 해변가에 바다 물결이 부드러운 피도로 부딪혀 오고, 그 위에 석양이 지는 평화스러운 광경이었습니다.

그리고 둘째 그림이 펼쳐졌을 때, 거기에는 거센 폭포가 거친 바위 위로 떨어지고 있는데, 하늘에는 시커먼 폭풍우가 몰려오는 그림이었습니다. 그 폭포 바로 밑 구석에 나무 하나가 있고, 그 나뭇가지가 불쑥 뻗어 나와 있었습니다. 얼른 보기에도 그 그림은 전혀 평화스러운 그림이 아니었습니다.

그런데 그 그림을 자세히 보니, 그 가지 위에 새 둥지가 하나 있고, 한 작은 새가 날개를 펴서 새끼가 습기에 젖지 않도록 감싸고 있었습니다. 어미 새는 폭포 옆 높은 가지 위에서, 눈을 지그시 감고 새끼와 함께 편안히 앉아 있었습니다. 그 어미 새와 새끼 새는 완전한 평안을 누리고 있었습니다. 그리고 그 그림이 진정한 평화를 나타내는 그림으로 선정되었습니다.

오늘 우리는 사랑의 구주이신 주님의 품 안에 거하고 있습니다. 우리를 위해 생명까지 내어주셔서, 우리에게 영원한 생명을 주신 주님께서 오늘 우리의 삶을 돌보아 주십니다. 그 주님께 우리의 삶을 맡겨드릴 때, 주님은 우리에게 풍성한 평안과 풍성한 감사를 주실 것입니다.

사랑하는 여러분의 가정마다 주님이 주시는 평안과 감사가 넘치기를 주님의 이름으로 축원합니다.

아내에게 사랑을 실천하십시오

> 골로새서 3:18-21
>
> [18]아내들아 남편에게 복종하라 이는 주 안에서 마땅하니라 [19]남편들아 아내를 사랑하며 괴롭게 하지 말라 [20]자녀들아 모든 일에 부모에게 순종하라 이는 주 안에서 기쁘게 하는 것이니라 [21]아비들아 너희 자녀를 노엽게 하지 말지니 낙심할까 함이라

건강대행진을 통해서 우리가 추구하는 건강은 세 가지입니다. 그 세 가지는 영의 건강, 몸의 건강, 삶의 건강입니다. 하나님의 은혜로 이 세 가지의 건강이 잘 회복되면 우리의 삶은 완전한 평강, 샬롬이 이루어지게 될 것입니다.

우리는 그동안 건강대행진을 통해서, 먼저는 영의 건강, 이어서 몸의 건강에 대해서 살펴보았습니다. 이제 삶의 건강에 대해서 말씀을 드릴 차례입니다. 오늘은 가정에 대한 말씀을 나누겠습니다.

서양 격언에 "당신은 친구를 선택할 수 있다. 그러나 가족은 선택할 수 없다"는 말이 있습니다. 하나님은 우리에게 부모님과 형제자매들을 주셨습니다. 또 우리의 자녀들을 주셨습니다. 가족은 교환할 수가 없습니다. 미우나 고우나 가족은 평생 동안 가족입니다.

하나님은 우리의 가정이 서로서로 친밀한 사랑의 관계를 이루게 하셨습니다. 창세기 2장 18절을 보면 "여호와 하나님이 이르시되 사람이 혼자 사는 것이 좋지 아니하니 내가 그를 위하여 돕는 배필을 지으리라"고 말씀하셨습니다. 물론 하나님 자신이 완전한 도우미가 되셨지만 그래도 하나님은 사람의 배필은 될 수 없었습니다. 하나님과 사람은 달랐습니다. 하나님은 사람에게 꼭 맞는 배필이 필요하다는 것을 아셨습니다.

그래서 창세기 2장 20절 이하를 보면, 아담이 돕는 배필이 없으므로 여호와 하나님이 아담을 깊이 잠들게 하시니 잠들매, 그가 그 갈빗대 하나를 취하고 살로 대신 채우고 여호와 하나님이 아담에게서 취하신 그 갈빗대로 여자를 만들고 그를 아담에게로 이끌어 오셨습니다. 여자는 남자를 위해서 만들어지고, 남자는 여자를 위해서 만들어졌습니다. 남자가 여자를 볼 때 세상의 모든 창조물 중에서 가장 자기를 닮은 돕는 배필이었습니다.

그래서 "아담이 이르되 이는 내 뼈 중의 뼈요 살 중의 살이라 이것을 남자에게서 취하였은즉 여자라 부르리라" 하였고, "이러므로 남자가 부모를 떠나 그의 아내와 합하여 둘이 한 몸을 이룰지로다"라고 했습니다(창 2:23-24).

하와는 아담에게 주신 하나님의 특별한 선물이었습니다. 여자는 남자를 위해서 독특하게, 특별하게 만들어졌습니다. 남자와 여자는 여러 가지 방법으로 친밀한 사랑의 관계를 이루며 서로의 필요를 만족하게 채워줍니다. 그들은 결혼의 울타리 안에서 궁극적인 만족을 얻을 수 있습니다.

결혼의 울타리를 벗어난 성적인 관계는 부부관계를 파괴시킵니다. 동성 간에 성적인 관계를 하는 것은 하나님의 완벽한 설계를 왜곡하는 것이므로 그것은 죄입니다. 오직 결혼의 울타리 안에서 남자와 여자는 진정한 만족을 얻을 수 있습니다.

그러므로 창세기 2장 25절에서는 "아담과 그의 아내 두 사람이 벌거벗었으나 부끄러워하지 아니하니라"고 했습니다. 남자와 여자는 함께 결합하여 완벽한 조화를 이루었습니다.

어느 날 하와가 아담에게 물었다고 합니다.

"여보, 다시 결혼해도 나하고 결혼하겠어요?"

그러자 아담이 "다른 여자가 있어야지?" 하고 말했다고 합니다. 그것이 결혼입니다. 남편은 아내 외에는 다른 여자가 없고, 아내는 남편 외에는 다른 남자가 없는 것이 결혼입니다.

그런데 어떻습니까? 오늘날 결혼생활은 매우 힘들어지고 있습니다. 행복한 결혼생활을 하는 이들이 많지 않고, 우리나라에서도 이혼율이 늘어나서 세 가정 중에 한 가정이 이혼을 하고 있습니다. 그리고 이혼을 하지 않았어도 많은 부부들이 아주 힘겹게 살아가고 있습니다.

어느 날 목사님과 친하게 지내는 한 성도가 대화를 나누고 있었습니다. 그 성도가 머뭇거리다가 목사님께 말을 꺼냈습니다.

"목사님, 목사님에게 드릴 말씀이 있습니다. 이런 이야기를 지금까지 아무에게도 말한 적이 없습니다. 지금도 이런 말을 하기가 아주 어렵지만 말씀드리겠습니다. 아내와 나는 결혼생활 30년 동안 거의 매일 싸우고 있습니다."

목사님이 조금 놀랐습니다. 왜냐하면 신앙이 너무나 좋은 가정이었기 때문입니다. 그래서 커피를 한 모금 마시고 물었습니다.

"그래요? 그러면 오늘 교회에 오기 전에도 싸웠습니까?"

"예."

"그래서 부부싸움이 어떻게 끝났습니까?"

"아내가 두 손과 무릎으로 제게 기어왔지요."

"저런, 아내가 기어와서 무어라고 하던가요?"

"예, 아내는 이렇게 말했습니다. '이 겁쟁이야. 침대 밑에 있지 말고 나와서 남자답게 싸워봐!'"

여러분이 결혼식을 했을 때를 생각해 보세요. 그날에 느꼈던 벅찬 감정을 생각해 보세요. 그날 우리는 모두 완전한 결혼생활을 꿈꾸었을 것입니다. 그러나 결혼하고 이틀이 지났을 때 그 꿈이 깨어지면서 앞으로 어떻게 해야 할지 고민하기 시작합니다.

우리는 모두 하나님께 물어보아야 합니다.

"하나님, 저의 결혼생활을 통해서 무엇을 하기 원하십니까?"

우리는 결혼생활에 대한 비현실적인 기대를 접어버리고 우리의 결혼생활에 대한 신앙적인 정의를 내려 볼 필요가 있습니다. 하나님께서 우리의 결혼에서 원하시는 것은 우리의 결혼생활이 "하나님의 영광을 드러내는 사랑의 가정이 되는 것"입니다. 우리 가정이 사랑의 가정이 되어서 우리 가정을 통해 하나님의 영광을 드러내야 합니다.

> 롬 11:36 "이는 만물이 주에게서 나오고 주로 말미암고 주에게로 돌아감이라 그에게 영광이 세세에 있을지어다 아멘"

우리가 기억할 것이 있습니다. 여러분의 생각과는 좀 다를지 모르지만 우리의 결혼생활은 우리를 위한 결혼생활이 아닙니다. 결혼식을 하는 날은 신랑 신부를 위한 날일지 몰라도 우리의 매일매일의 삶은 하나님을 위한 삶이 되어야 합니다. 가장 위대한 인생은 하나님께 영광을 돌리는 인생입니다.

생각해 보세요. 만일 이 땅의 모든 그리스도인 가정들이 하나님께 영광을 돌리는 삶을 살게 된다면 우리의 결혼생활이 얼마나 달라지겠습니까? 얼마나 행복해지겠습니까? 우리 교회의 모든 가정이 하나님께 영광을 돌리는 가정들이 되고, 우리나라에 있는 모든 성도들의 가정이 하나님께 영광을 돌리게 된다면, 이 나라는 달라질 것입니다.

본문 말씀을 보면 남편들과 아내들에게 주신 권면의 말씀이 있습니다. 먼저 남편에게 주신 말씀을 생각해 보겠습니다.

➪ **19절 "남편들아 아내를 사랑하며 괴롭게 하지 말라"**

이 말씀은 남편들은 겸손한 마음으로 아내를 사랑해야 한다는 말입니다. 하나님이 우리 남편들에게 원하시는 것은 아내를 사랑하는 것입니다. 아내에게 부귀영화를 주는 것이 아니고 상류사회의 삶을 살게 해 주는 것이 아니라 아내를 진정으로 사랑하는 것입니다.

세상이 말하는 대로 아내를 사랑하려고 하면 비현실적인 기대 때문에 삶이 불행해질 것입니다. 그러나 성경이 말하는 것은 아내를 진심으로, 성실하게 사랑하라는 것입니다.

그렇다면 우리는 아내를 어떻게 사랑해야 할까요? 3가지 방법으로 사랑할 수 있습니다.

1. 아내를 영적으로 사랑해야 합니다.

영적으로 사랑하라는 것은 '신앙적으로 사랑하라'는 것입니다. 성경이 쓰여진 신약시대 헬라문화에서는 남편들이 아내에 대해 거의 폭군 수준에 가까웠습니다. 기독교가 전파되기 전까지 남편들은 아내나 가족들에 대해 거의 책임을 지지 않았습니다. 아내들은 집안에서 거의 운둔생활을 했습니다. 그러나 남자들은 마음대로 다닐 수 있었고 마음대로 다른 여자를 만났습니다.

남편이라는 말이 영어로 husband인데 이 단어는 hus(house-집)와 band(묶는다)가 합쳐진 것입니다. 즉 남편은 '가정을 사랑으로 묶는 사람'이라는 말입니다.

본문에서 사도 바울이 사용한 '사랑'이라는 말은 Agape Love, 무조건적인 사랑을 말합니다. 그 당시 사람들은 알지도 못하고 이해하지도 못하는 사랑의 개념이었습니다. 그것은 무조건적인 사랑이었습니다.

남편들이 기억할 것은 하나님의 딸과 결혼을 했다는 것입니다. 하나님이 아내를 사랑하시는 것처럼 우리도 그렇게 아내를 사랑하라고 명령하시는 것입니다. 우리는 기도할 때에 이렇게 기도해야 합니다.

"하나님, 당신의 딸을 사랑할 수 있도록 도와주세요."

이 말은 곧 남편들은 아내들 앞에서 그리고 아내들이 없는 곳에서도 경건한 삶을 살아야 한다는 말입니다. 남편들이 아내를 신앙적인 마음으로 사랑하지 않으면 우리의 가정이 천국생활을 이룰 수 없을 것입니다.

2. 아내를 희생적으로 사랑해야 합니다.

희생적인 사랑은 감정적인 사랑보다 더 깊은 사랑을 말합니다.

> 요 3:16 "하나님이 세상을 이처럼 사랑하사 독생자를 주셨으니 이는 그를 믿는 자마다 멸망하지 않고 영생을 얻게 하려 하심이라"

하나님은 사랑의 본을 보이셨습니다. 하나님은 가장 귀한 것을 주심으로 인류를 위해서 희생하셨습니다.

> 요일 4:10 "사랑은 여기 있으니 우리가 하나님을 사랑한 것이 아니요 하나님이 우리를 사랑하사 우리 죄를 속하기 위하여 화목 제물로 그 아들을 보내셨음이라"

하나님은 우리 죄를 속하기 위해서 화목제물로 그의 아들을 보내셨습니다. 죄를 속한다는 것이 무엇입니까? '속한다'는 말은 히브리어 카포레트(kapporeth)와 같은 말입니다. 이는 '덮는다'(cover)는 뜻입니다.

구약시대에는 언약궤가 성막 안의 지성소 안에 보관되어 있었습니다. 일 년에 한 번 대제사장은 백성들의 죄를 위해 희생제물을 잡고 그 피를 가지고 지성소 안에 들어갔습니다. 그때 대제사장은 희생제물의 피를 시은소라고 불리는 언약궤의 뚜껑에 뿌립니다. 시은소에 피가 뿌려질 때 하나님께서는 백성들의 죄가 덮여졌다, 가려졌다고 생각하시고 그들의 죄를 보시지 않았습니다.

그런데 신약시대에 와서 더 큰 은혜가 주어졌습니다. 하나님께서 우리를 사랑하셔서 그의 아들이신 예수 그리스도를 우리의 죄를 속하는 화목제물로 보내셨습니다. 아무 죄가 없으신 예수 그리스도는 우리를 위해 십자가에서 죽으셨습니다.

구약의 희생제물은 불완전한 제물이었습니다. 일시적으로 죄를 가리어 줄 뿐이었습니다. 그러나 예수 그리스도는 단번에 그리고 영원히 우리의 죄를 사해 주십니다.

예수 그리스도께서는 완벽한 화목제물이 되셨습니다. 그래서 우리가 화목제물이 되신 예수님을 하나님의 아들로 믿고 고백하고, 또 우리가 하나님의 용서가 필요한 죄인이라는 것을 인정하고 우리의 죄를 회개할 때, 하나님은 우리의 죄를 덮어주시고 다시는 우리의 과거의 죄를 보시지 않겠다고 약속하십니다.

그렇게 하나님의 사랑과 예수 그리스도의 사죄의 은총을 경험한 사람은 이제 그 사랑과 용서를 가지고 먼저는 가족들을 사랑하고 그 다음에는 다른 사람들의 허물을 덮어주는 삶을 살아야 합니다.

한 가정이 목사님 내외를 저녁식사에 초대했습니다. 그 부인은 식사준비에 정성을 쏟고 모든 것이 잘 진행되게 신경을 썼습니다. 또 아이들에게도 얌전히 행동하라고 잘 타일러 놓았습니다. 그런데 식사

기도를 하자마자 7살 된 딸이 그만 찻잔을 넘어뜨려서 예쁜 테이블보에 엎어졌습니다.

딸은 깜짝 놀랐습니다. 엄마는 화나는 것을 억지로 참고 있었습니다. 그런데 엄마가 무슨 조치를 취하기 전에 상황을 파악한 아빠가 자기 차를 일부러 흘리더니 웃기 시작했습니다. 그러자 상황을 파악한 목사님도 사모님도 심지어 아이 엄마도 그 아빠를 따라 행동하고 웃기 시작했습니다. 결국 식사 모임은 웃음바다가 되었습니다.

딸은 아빠를 쳐다보면서 아빠가 자기의 곤란한 처지를 도와주려고 그렇게 한 것을 알았습니다. 아빠가 딸에게 윙크를 할 때 딸도 아빠에게 윙크를 했습니다. 그때 한 줄기의 눈물이 딸의 볼에 흘러내렸습니다.

그 아빠가 한 일은 어린 딸의 실수를 자기에게 전가해서 딸의 실수를 가려 준 것입니다. 그것이 바로 예수님이 하신 일입니다.

> 사 53:5 "그가 찔림은 우리의 허물 때문이요 그가 상함은 우리의 죄악 때문이라 그가 징계를 받으므로 우리는 평화를 누리고 그가 채찍에 맞으므로 우리는 나음을 받았도다"

예수님은 희생적인 사랑을 보여주셨습니다. 우리도 그 사랑으로 아내와 자녀들을 사랑하고 다른 사람을 사랑하기를 원하십니다.

> 엡 5:25 "남편들아 아내 사랑하기를 그리스도께서 교회를 사랑하

시고 그 교회를 위하여 자신을 주심 같이 하라"

　예수님이 교회를 위해서 십자가에서 죽으신 것처럼 남편이 아내를 위해서 자신을 희생하는 아가페의 사랑을 실천하면 그 가정은 어떤 깊은 골짜기도 어떤 더러운 죄도 어떤 힘든 사건도 넉넉히 이겨나가게 될 것입니다. 남편 여러분들, 그런 사랑으로 아내를 사랑하십시오. 예수님처럼 자신을 죽이고, 희생하십시오.
　가정에서 TV를 볼 때 리모컨을 남편이 가지고 있습니까? 아내에게 주십시오. 또 영화를 보러 가면 아내가 보고 싶은 영화를 보십시오. 그 영화가 정 보고 싶으면 다음에 혼자 가서 보세요. 아내가 말을 하지 않아도 집안일을 도와주십시오. 그것이 희생적인 사랑입니다. 아내가 감동하는 것은 남편의 희생적인 사랑입니다.
　어떤 아내가 상담하러 와서 남편에 대해 구구절절 불평을 합니다. 남편이 직장에서 무슨 행사에서 당첨이 되었는데 당첨 선물이 하와이 왕복여행권 2장이었다고 합니다. 그런데 그 남편은 혼자서 하와이에 두 번을 다녀왔다는 것입니다.
　아내가 불평할 만합니다. 그 남편은 사랑이 뭔지를 모르는 남편입니다. 희생할 때 사랑이 온전해집니다.

3. 아내를 세심하게 사랑해야 합니다

"남편들아 아내를 사랑하며 괴롭게 하지 말라"고 말씀합니다. 여기서 괴롭게 하지 말라는 말은 심하게 다루지 말고 거칠게 대하지 말라는 뜻입니다.

남자와 여자는 여러 가지 면에서 다릅니다. 생각하는 것이 다르고 말하는 것이 다르고 행동하는 것이 다릅니다. 그래서 더 세심하게 대해야 합니다. 처음에 결혼할 때는 남편들이 아내를 잘 안다고 생각합니다. 그러나 사실은 남편들이 아내가 원하는 것이 무엇인지를 잘 모를 때가 많습니다.

《Red Book Magazine》이라는 잡지에서 아내들에게 인생에서 가장 큰 즐거움을 주는 7가지 활동이 무엇인지 설문조사를 했다고 합니다. 1위는 아름다운 열대의 해변가에 가서 편안하게 쉬는 것이라고 했습니다. 그것이 29%였습니다. 2위는 28%의 아내들이 대답을 했는데 남편과 로맨틱한 저녁식사를 하는 것이라고 했습니다. 그리고 7위로는 섹스가 가장 즐거운 활동이라고 대답했는데 9%밖에 안 되었습니다. 남자들에게 물어본다면 아마 그것이 1위가 되겠지요.

아내들의 가장 많은 불평은 남편들과 의사소통이 안 된다는 것이었습니다. 그런데 남자 입장에서 생각하면 그럴 수밖에 없습니다. 남자들은 생각하는 그대로 말합니다. 말하는 것과 뜻하는 것이 같습니다. 그런데 여자들은 좀 다릅니다.

아내들은 말합니다.

"우리 이야기 좀 해요."

이 말은 "당신이 내 말을 좀 들어야 해요" 그런 뜻입니다. 아내가 말합니다. "그래요, 하고 싶으면 해요!" 그런데 이 말은 "당신, 그 일은 안 하는 것이 좋을 거예요" 이런 뜻입니다. 또 "잠깐만 준비할게요"라는 아내의 말은 최소한 30분이 필요하다는 말입니다.

그러니 우리 남자들이 세심하게 주의하지 않으면 아내들과 바른 의사소통을 할 수가 없습니다. 특히 우리 가정에 갈등이 있는 때일수록 더욱 세심한 배려가 필요합니다.

갈등이 있을 때 갈등에 대처하는 3가지 태도가 있습니다.

갈등에 대처하는 3가지 태도

① 도피

첫째는 도피하는 것입니다. 도피하는 것은 갈등에 직면하지 않고, 도망가려고 하는 것입니다. 이런 태도에는 갈등을 회피하는 태도, 갈등이 있다는 것 자체를 부인하는 태도, 심하면 자살을 시도하는 것도 포함됩니다. 자살은 현실을 도피하는 태도입니다.

예수님이 십자가를 지시기 전날 밤에 겟세마네 동산에서 군병들에게 체포되셨습니다. 그때 제자들이 어떻게 했나요? 그들은 도망을 갔습니다. 베드로는 예수님을 부인했습니다. 가룟 유다는 예수님을 팔았다는 죄책감 때문에 자살을 하고 말았습니다. 그때 제자들의 태도는 한 마디로 도피하는 태도였습니다.

우리의 삶에 갈등이 있을수록 도피하지 말아야 합니다. 도피는 문제를 해결하지 못합니다.

② 공격

둘째는 공격하는 것입니다. 부부간에 갈등이 있을 때 서로를 공격할 수 있습니다. 배우자를 비난하고 위협하고 심지어 폭행을 행사하는 남편도 있습니다. 아니면 법정에 소송을 제기합니다. 심하면 배우자를 살해하는 경우도 있습니다.

예수님을 십자가에 달기 위해 사람들이 어떻게 했습니까? 예수님을 체포해서 폭행했습니다. 엉터리 재판을 했습니다. 결국 예수님을 십자가에 처형했습니다. 그들은 예수님을 공격했습니다.

갈등이 있을 때 도피하거나 공격하는 것은 문제를 해결하는 것이 아니라 문제를 더욱 악화시키는 태도입니다. 그 결과는 가정이 깨어지고 파멸됩니다. 미움과 원한과 후회만이 남게 됩니다.

그러면 갈등을 해결하는 긍정적인 태도는 무엇입니까?

③ 화해

그것은 화해하는 것입니다. 모든 분쟁은 개인적으로 사적으로 해결할 수 있습니다. 옆에 있는 사람이 조금 도와주거나 조언해 줄 수 있지만 결국 그 문제를 해결하는 것은 분쟁의 당사자의 몫입니다. 가정의 불화는 남편과 아내가 풀어야 합니다. 직장이나 교회의 분쟁도 당사자들이 풀어야 합니다.

화해를 이루기 위한 6가지 과정

① 간과

다른 사람의 죄를 지적하고 비난하는 것이 아니라 간과하는 것입니다. 그냥 넘어가 주는 것입니다. 대개의 경우 사소한 일 때문에 혹은 오해로부터 분쟁이 시작됩니다. 그것을 문제 삼지 않고 넘어가 주는 것입니다. '그 사람이 실수를 했구나, 그럴 수도 있지, 의도적으로 한 것은 아니야.' 이렇게 생각하면서 넘어가 주는 것입니다.

> ⇨ 잠 19:11 "노하기를 더디 하는 것이 사람의 슬기요 허물을 용서하는 것이 자기의 영광이니라"

남의 허물을 간과하는 것은 그 사람을 용서하는 태도입니다. 그런데 간과할 수 있으면 좋은데, 어떤 경우에는 상처가 너무 크기 때문에 간과할 수 없을 때가 있습니다. 그런 때는 대화가 필요합니다.

② 화해

대화를 할 때는 진실한 고백과 사랑의 교정과 용서로써 화해를 시도해야 합니다.

↪ 마 5:23-24 "그러므로 예물을 제단에 드리려다가 거기서 네 형제에게 원망 들을 만한 일이 있는 것이 생각나거든 예물을 제단 앞에 두고 먼저 가서 형제와 화목하고 그 후에 와서 예물을 드리라"

언제나 성숙한 사람이 먼저 화해를 청하게 되어 있습니다.

남편과 아내가 부부싸움을 했습니다. '상대편에서 말하기 전까지 내가 말을 하나 봐라. 한 달이든지, 두 달이든지, 세 달이든지 내가 절대 말하지 않을 거야.' 이렇게 생각하는 사람과, 하룻저녁 지나고 나니까 마음이 너무 불편해서 그 다음날 말을 건네는 사람, 어느 쪽이 더 성숙한 사람입니까? 성숙한 사람이 먼저 화해를 청하는 것입니다.

그 사람은 신앙적인 마음을 가진 사람입니다. '주님이 나 같은 죄인을 용서해 주셨는데, 나도 그 사랑과 용서의 마음을 가지고 다른 사람을 용서해야지.' 이런 신앙적인 마음을 가진 사람이 성숙한 사람이고, 그런 태도가 분쟁을 그치게 만들고 샬롬을 회복하게 만드는 것입니다(골 3:13).

③ 협상

갈등을 잘 해결한 다음에도 다른 사소한 문제들이 남을 수 있습니다. 앞으로 경제생활을 어떻게 할 것인지, 집안일은 어떻게 분담할 것인지 등 그 문제들을 잘 정리해 놓지 않으면 또다시 분쟁이 일어날 수 있습니다. 그래서 서로가 만족할 만한 해결책을 찾기 위해서 협상이 필요합니다. 이때 우리가 기억할 말씀이 있습니다.

> 빌 2:4 "각각 자기 일을 돌볼 뿐더러 또한 각각 다른 사람들의 일을 돌보아 나의 기쁨을 충만하게 하라"

부부가 남도 아닌데 조금이라도 내가 유리하려고, 조금이라도 내가 더 무슨 이득을 보려고 그럴 필요가 있겠습니까?

'우리 남편 일하는데 너무 바쁘고 늘 피곤한데', '우리 아내 애들 돌보면서 얼마나 수고하는데, 그러니까 내가 좀 더 양보하자.' 내 입장보다도 배우자의 입장, 상대방의 입장을 더 생각해 주면 그 협상이 아주 원만하고 은혜스러운 협상이 될 수 있습니다.

그런데 이렇게 간과, 화해, 협상 이 과정을 통해서 모든 것이 잘 마무리되면 좋은데, 이것이 안 됩니다. 당사자들끼리 이것이 안 됩니다. 그럴 때는 제3자가 개입할 수밖에 없습니다. 다른 누군가의 도움, 곧 중재자가 필요합니다.

④ 중재

중재는 중재자가 질문을 하거니 또는 신앙적인 충고를 하거나 해서 도와주는 것입니다.

> 마 18:16 "만일 듣지 않거든 한두 사람을 데리고 가서 두세 증인의 입으로 말마다 확증하게 하라"

경우에 따라서는 이러한 도움을 주는 사람이 필요합니다.

⑤ 조정

재정문제나 기타 중요한 문제에 대해서 합의가 이루어지지 않을 때 다른 사람이 개입해서 충고만 하는 것이 아니라 이제 조정도 해주는 것입니다. 양쪽의 이야기를 잘 들어보고 "아무래도 이것은 당신이 양보하는 것이 좋겠습니다. 이것은 당신이 양해를 하시는 것이 좋겠습니다" 이렇게 조정을 하는 것입니다.

> 고전 6:4 "그런즉 너희가 세상 사건이 있을 때에 교회에서 경히 여김을 받는 자들을 세우느냐"

조정해주는 사람은 그만큼 신앙적으로, 인격적으로 성숙하고 지혜가 있어야 된다는 말씀입니다.

⑥ 치리

만일 신앙인으로서 정말 부끄럽고 분명히 드러난 잘못이 있을 때는 일정 기간 근신하는 기간을 준다든지 해서 회개에 이르도록 해야 합니다.

회피나 공격은 문제를 해결하지 못합니다. 화해가 필요합니다. 화해는 결국 당사자가 하는 것이지만, 그것이 도저히 안 될 때는 중재를 통해서 화해를 이루게 도울 수 있습니다. 화해는 신앙적인 마음을 가질 때 이루어질 수 있습니다. 주님이 나를 용서하신 것처럼 나도 주님의 그 사랑으로 주님의 그 용서하는 마음으로 상대방을 용서하는 것입니다.

남편은 가정의 리더인데, 바로 사랑의 리더입니다. 그래서 남편의 첫 번째 역할은 가정을 사랑의 가정으로 만드는 것입니다. 그러기 위해서는 먼저 주님과의 관계가 바로되어 있어야 합니다. 주님 앞에서 자기의 죄를 고백하고 주님의 보혈로 씻음 받아서 용서함을 받는 신앙의 가장이 있다면 그 가정은 화목한 가정이 될 수 있습니다. 그 가정은 항상 사랑으로 은혜로 살아갈 수 있습니다.

가정사역의 전문가인 팀 라헤이가 가정 세미나를 하면서 "내일 저녁에는 여러분이 왕처럼 대우를 받을 수 있는 비결을 말씀드리겠습니다"라고 말했습니다. 그리고 다음 날 저녁에 이렇게 말했다고 합니다.

"왕처럼 대접을 받으려고 하면 아내를 왕비처럼 대우해 주십시오."

모든 관계와 마찬가지로 가정의 남편과 아내의 관계도 상호적, 쌍방적입니다. 남편과 아내가 함께 노력해야 합니다. 그래도 남편이 사랑의 리더이기 때문에 사랑하는 일에 주도권을 가지는 것이 바람직합니다. 리더는 무엇보다 앞장서는 사람이기 때문입니다.

남편 성도님들은 한 주간 동안 무슨 일이라도 괜찮으니까 아내에게 사랑을 실천해 보시기 바랍니다. 실감이 안 나시는 분들을 위해 예를 하나 들어보겠습니다.

요즘 TV를 보면 요리하는 프로그램들이 많이 나옵니다. 그 요리 중에 하나를 배워서 아침에 아내가 일어나기 전에 요리를 해가지고 아내가 일어날 때쯤 되어서 "짠~ 서프라이즈~" 하면서 요리를 들고 들어가세요. 그래서 아내의 침대에 올려놓고 "여보, 내가 오늘 당신을 위해 요리를 직접 만들었으니까 먹어보세요" 하는 겁니다. 아내는 아마 굉장히 놀라고 좋아할 것입니다. 눈물을 흘릴지도 몰라요.

'나는 도저히 그런 것 못 한다' 하시는 분은 아내가 원하는 식당에 가서 그냥 밥만 먹는 것이 아니라 글을 읽는다든지 뭔가 감동적인 것을 해보세요. 여러분 마음대로 창의적인 방법을 통해서 아내를 사랑하는 실천을 한 가지씩 꼭 하시기 바랍니다.

사랑은 이론이 아닙니다. 사랑은 행동입니다. 내가 아무리 사랑하는 마음이 있어도 실천으로 나타나지 않으면 그것은 사랑이 안 되는 것입니다.

하나님의 은혜로 남편과 아내가 서로 사랑하면서 행복한 가정, 사랑이 풍성한 가정, 삶이 건강한 가정으로 회복될 수 있기를 주님의 이름으로 축원합니다.

남편에게 순종하십시오

골로새서 3:18-21

[18]아내들아 남편에게 복종하라 이는 주 안에서 마땅하니라 [19]남편들아 아내를 사랑하며 괴롭게 하지 말라 [20]자녀들아 모든 일에 부모에게 순종하라 이는 주 안에서 기쁘게 하는 것이니라 [21]아비들아 너희 자녀를 노엽게 하지 말지니 낙심할까 함이라

지금은 그렇지 않습니다만, 옛날에 제주도 남자들은 일을 하지 않았다고 합니다. 제주도에서는 여자들이 물에도 들어가고 일을 많이 했지만, 남자들은 별로 일을 하지 않았다고 합니다. 왜냐하면 옛날에는 주로 양반들이 제주도에 귀양을 갔는데 귀양 갈 정도의 양반이면 굉장히 지위가 높았으므로 그들은 일을 할 사람들이 아니었습니다.

그래서 제주도에서는 남자들이 일을 하지 않고 여자들이 일을 하는 풍습이 생겼다는 이야기를 들은 적이 있습니다. 제가 그동안 목회하면서 보니 대체적으로 제주도 여자들이 생활력이 강한 것을 보았습니다.

옛날에 한 제주도 처녀가 시집을 가려고 신랑감을 찾는데 이런 생각이 들었습니다. '내가 제주도 남자에게 시집을 가면 평생 일을 해서 남편을 먹여 살려야 하는데, 육지 남자에게 시집을 가면 나는 편안히 집에 있고 남편이 돈을 벌어다 줄 것이 아닌가. 육지 남자에게 시집을 가야 되겠다.' 이렇게 생각하고 육지 남자를 찾게 되었습니다.

한편 어떤 육지 총각은 생각하기를 '내가 제주도 여자하고 결혼을 하면 평생 놀고먹을 테니 제주도 처녀에게 장가를 가야 되겠다' 하고, 제주도 처녀를 찾게 되었습니다.

그래서 두 사람은 중매쟁이의 소개로 만나서 결혼을 하게 되었습니다. 결혼식을 성대하게 잘 마쳤는데 그 다음이 문제였습니다. 남자와 여자는 서로 눈치를 주면서 상대방이 나가서 일하기를 원했습니다. 아마 그 두 사람은 상당히 실망을 할 수밖에 없었을 것입니다.

하나님은 아담을 지으시고 그가 홀로 있는 것이 좋지 않아 보여서 하와를 지어 그의 돕는 배필이 되게 하셨습니다. 하나님께서 우리를 남편으로서 아내로서 세워주신 것은 우리가 돕는 배필이 되게 하시기 위해서입니다.

남편에게는 아내가 돕는 배필이고 아내에게는 남편이 돕는 배필입니다. 물론 평생을 혼자 지내는 이도 있고, 이런저런 이유로 혼자 사는 분들이 있습니다. 그런 분들은 부모님과 형제들 또는 성도들과 친구들이 다른 의미의 가족이 될 것입니다.

가정 안에 모든 것이 있습니다. 우리에게는 가족이 필요합니다. 가족이 없다면 삶이 너무 허전할 것입니다. 저는 배우자를 떠나 보내고 슬퍼하는 분들을 많이 만나 보았습니다. 함께 평생을 동고동락하던 배우자를 떠나보내는 일은 인생에서 가장 슬프고 고통스러운 경험입니다.

30-40대에 배우자를 보내고 혼자가 되는 분들을 볼 때는 앞으로 남은 인생을 어떻게 살까 너무나 안타까운 심정이 됩니다.

50-60대에 배우자를 보내고 혼자가 되는 분들을 볼 때도 마찬가지입니다. 이제 남은 생애를 혼자 보내야 한다는 것은 너무나 슬픈 현실입니다.

70-80대에 혼자 되는 분들도 있습니다. 그분들에게는 서로 가장 의지하던 배우자가 떠나갈 때 삶의 기쁨과 행복이 없어지고 가장 외로운 인생이 시작됩니다. 우리에게는 가정이 필요하고 사랑하는 가족이 필요합니다.

요즘 세계는 IS라는 이슬람 정권의 무자비한 테러로 인해서 몸살을 앓고 있습니다. 이들의 테러가 무서운 것은 소위 외로운 늑대들, 각국의 외로운 외톨이들을 불러들여서 그들에게 적개심을 심고 잘못된 종교관을 심어서 자살특공대로 만들어 다시 자기 나라로 돌아가서 잔악한 테러를 일으키게 만든다는 것입니다. 그러니까 이들의 테러를 멈추게 하려면 가정이 회복되어야 하고 그들을 사회의 한 가족의 일원으로 만들어가는 노력이 필요한데 그것이 쉽지 않다는 것이 문제입니다.

보다 근본적인 대책이 필요한데 그것은 가정이 바로 되는 것입니다. 가정이 바로 되면 그 사회와 나라가 바로 됩니다. 가정이 무너지면 나라도 무너지게 됩니다. 그러므로 우리가 경건한 가정을 만드는 일은 우리의 생애에 가장 귀한 일입니다.

아내는 우리 가정의 중심입니다. 아내가 하는 일이 무엇입니까? 아이들을 가르치고, 집안을 깨끗이 청소하고, 가족들을 사랑하고 위로하고 격려하고 치유합니다. 가족들의 이야기를 경청해 줍니다. 가족들은 집에 돌아와서 있었던 이야기를 아내에게 그리고 엄마에게 말합니다. 엄마가 하는 일은 다른 사람은 할 수 없는 일입니다. 엄마가 없으면 가정은 그냥 무너지고 맙니다.

유명한 강연자인 토니 캄폴로는 사회학 교수이자 목사인데, 그의 아내는 사람들에게 자기가 가정주부라고 말할 때마다 사람들이 자기를 무시하는 것같이 느껴져서 사람들이 물을 때마다 이렇게 대답한다고 합니다.

"나는 두 호모 사피엔스들을 유대 기독교적인 가치관으로 길러서 그들이 유토피아의 종말론적인 가치를 소유하게 만들고 있습니다."

어떤 부인이 집에서 청소를 하고 있는데 전화벨이 울렸습니다. 그 전화를 받으려고 달려가다가 바닥에 있는 작은 담요에 그만 미끄러지고 말았습니다. 그때 무어라도 잡으려고 전화기를 놓은 테이블을 붙잡았었습니다.

그런데 전화테이블이 넘어지면서 전화기가 땅바닥에 쾅 하고 구르며 수화기의 선이 떨어져 나갔습니다. 그리고 전화기가 떨어지면서 그 집 개에게 세게 부딪혔습니다. 그러자 그 개가 펄쩍 뛰면서 정신없이 짖기 시작했습니다. 그때 부인의 3살짜리 아들이 개가 갑자기 짖는 소리에 놀라서 으앙 하고 울음을 터뜨렸습니다.

그런 난리 끝에 부인이 마침내 수화기를 연결해서 귀에다 갖다 댔을 때 저쪽에서 남편의 목소리를 들을 수 있었습니다. 남편은 말합니다.

"아무도 대답하지 않네. 어떻게 된 거야? 분명히 맞는 번호인데…."

여러분, 그것이 가정에서 일어나는 일입니다. 모든 가정은 좋은 날이 있고, 또 힘든 날이 있습니다. 그래도 아이들이 어려서 집 안을 뛰어 다닐 때가 좋은 때입니다. 아이들이 성장해서 집에서 멀리 떠나가면 아이들과 같이 있었을 때가 그리워지게 됩니다.

앞에서는 남편에 대한 말씀을 생각했습니다. 남편은 아내에게 어떻게 해야 합니까? 남편은 겸손한 마음으로 아내를 사랑해야 합니다. 남편은 사랑의 리더입니다. 그러므로 아내를 사랑하는 일에 리더십을 발휘해야 합니다. 남편은 아내를 영적으로 신앙적으로 사랑하고, 주님처럼 희생적으로 사랑하고, 세심하게 사랑해야 합니다.

그러면 아내는 어떻게 해야 합니까?

⇨ 골 3:18 "아내들아 남편에게 복종하라 이는 주 안에서 마땅하니라"

아내들은 남편에게 복종해야 합니다. 그것이 주님 안에서 마땅한 일입니다. 그럼 아내만 복종하고 남편은 복종하지 않아도 됩니까? 성경은 피차 복종하라고 말합니다. "그리스도를 경외함으로 피차 복종하라"(엡 5:21)고 했습니다.

남편과 아내가 서로에게 복종하기 위해서는 네 가지 태도가 필요합니다. 그 네 가지는 ① 용서하는 마음 ② 용납하는 마음 ③ 존경하는 마음 ④ 친절한 마음입니다.

1. 용서하는 마음

부부가 평생을 살다 보면 이런저런 일로 서로를 실망시키는 일이 일어나게 됩니다. 세상에 완벽한 남편이 없고 완벽한 아내가 없습니다. 그런데 배우자의 실수와 잘못을 용서해 주지 않고 그것을 마음에 계속 품고 있으면 배우자를 진정으로 존경하고 사랑할 수가 없을 것입니다.

두 사람의 사업가가 아내와 함께 사업자 연차총회에 참석했다가 대학 때에 같은 기숙사에 있었던 친구를 만나게 되었습니다. 두 사람이 로비에 앉아서 지난날의 이야기와 그 후의 이야기를 하다 보니 밤을 새게 되었습니다. 새벽이 되어 각자의 방으로 들어가게 된 남편들은 아내들이 화를 낼 것이라는 것을 알았습니다.

그다음 날 두 사람은 또다시 우연히 만나게 되었습니다.

"어떻게 괜찮았나? 자네 아내가 뭐라고 하던가?"

"그렇지 뭐. 내가 방에 들어가니까, 아내가 historical하게 되었네. 역사적이 되었네."

"뭐? 히스토릭이라고? 히스테리컬 했다는 말이야?(신경질적이었다는 말이야?)"

"아니, 히스토리컬 했다구. 아내는 그동안 내가 잘못했던 일들을 모두 꺼내서 이야기했지."

부부 사이에 좋은 관계를 이루기 위해서는 용서가 있어야 합니다. 서로서로 용서하는 법을 배운 부부는 친밀한 관계를 이어나갈 수 있습니다. 그 말은 우리가 상처를 받지 않는다는 의미가 아니라, 우리가 그런 상처들을 치유하기 위해서 최선을 다한다는 의미입니다.

남편과 아내가 신앙 안에서 계속 성숙해져 가면 자연히 용서하는 마음을 가지게 되고, 그런 가정은 화목한 삶을 이루어 나갈 수 있습니다.

2. 용납하는 마음

우리는 모두 용납되고 싶은 욕구를 가지고 있습니다. 사람들과 어울리고 우리를 좋아하는 사람들과 함께 있기를 원합니다. 그런데 믿든지 안 믿든지 좋아하든지 좋아하지 않든지 우리와 가장 닮은 사람들은 우리의 가족입니다.

제가 어디를 가면 사람들이 저에게 아버님을 너무 닮았다는 말들을 합니다. 그런 말을 점점 더 많이 듣습니다. 생긴 외모도 닮아가고, 음성과 성품과 유머도 아버님을 닮아갑니다.

우리와 가장 닮은 사람들은 우리의 가족들이고 우리가 첫 번째로 용납되기를 원하는 곳도 우리의 가정입니다. 우리는 모두 우리를 가장 생각해주어야 할 가정에서 인정받고 용납되기를 원하는 마음을 가지고 있습니다. 이는 우리의 가장 깊은 욕구 중의 하나입니다.

3. 존경하는 마음

우리는 최소한 가정에서만은 존경받기를 원합니다. 우리의 말이 존중되기를 원합니다.

우리가 중요하게 생각하는 말을 할 때는 TV를 끄고 신문도 내려놓고 함께 앉아서 진지하게 이야기를 들어주기를 기대합니다. 그럴 때 우리는 '아, 우리 가족들은 나를 존중해주는구나. 남편이, 아내가 나를 존중해주는구나' 하고 느끼게 됩니다. 우리의 가정은 그런 곳이 되어야 합니다.

어떤 아내가 옆집에 사는 부인과 함께 경찰서에 가서 남편이 실종되었다고 신고를 했습니다. 경찰관이 남편의 용모에 대해 자세히 물으니 아내는 경찰관에게 이렇게 답했습니다.

"우리 남편은요. 키가 185cm이구요, 몸무게는 75Kg이구요, 미남이구요, 항상 웃는 얼굴이구요, 나이는 45세에 아이들을 사랑하는 착한 사람이랍니다."

그들이 경찰서를 나오는데 옆집 부인이 말했습니다.

"아니 당신 남편은 185cm가 아니라 165cm이잖아요. 몸무게는 80kg이 넘고, 나이도 45세가 아니라 55세잖아요? 아이들을 사랑하는 게 아니라 미워하고, 항상 소리 지르잖아요?"

그 말을 들은 아내가 옆집 부인을 보면서 말하더랍니다.

"우리 집에 그 남자 기다리는 사람 없어요."

불행한 이야기입니다. 존경하는 마음이 없으면 행복도 없을 것입니다.

4. 친절한 마음

가족 간에 친절하게 대하는 마음이 필요합니다. 좀 불편해도 참고 인내하면서 서로에게 소리를 지르지 않는 태도가 필요합니다. 어떤 때는 우리 자신을 희생하면서 배우자를 위로하고 격려할 때 배우자는 사랑받고 있다고 느낄 것입니다.

어떤 아내가 뒤늦게 학교를 다니며 공부를 하는데 어려운 시험을 치게 되어서 열심히 공부했더니 A학점을 받게 되었습니다. 그래서 남편에게 전화를 걸었습니다. "나 A학점 받았어요. 시험을 잘 봤나 봐요"라고 자랑을 했습니다.

그날 공부를 마치고 아내가 자기 차에 탔는데 운전대에 남편이 쓴 축하카드가 걸려 있었습니다. 남편이 그 말을 듣자마자 30분 이상을 달려와서 학교 주차장에서 아내의 차를 찾아서 아내를 격려하는 글을 남기고 간 것입니다.

남편과 아내는 서로를 격려하는 말을 해야 합니다.

"오늘 저녁은 참 맛있네. 여보, 당신 요리솜씨가 최고야."

"당신이라면 이번 프로젝트 잘 할 수 있을 거예요. 힘내세요."

"여보, 오늘 설교 참 좋았어요."

좋은 말을 넣으면 좋은 말이 나오게 되어 있습니다. 배우자를 칭찬하고 격려하는 말을 많이 하면 배우자도 칭찬하고 격려하는 말을 많이 하게 될 것입니다.

아내 여러분, 여러분이 여러분의 남편을 어떻게 보느냐에 따라 여러분이 남편과 어떤 삶을 살게 되느냐를 결정하게 됩니다. 남편을 존경하고 남편에게 복종하는 마음을 가지면 그런 리더와 평생을 살게 될 것입니다.

여러분이 남편을 볼 때 결점이 보이더라도 하나님이 여러분의 가정의 리더로 허락하신 사람이기 때문에 그래도 그를 존경하고 따르는 마음을 가집니까? 아니면 "만일 당신이 내게 잘하고 자격이 있을 때에는 내가 당신을 존경하고 따르겠다"고 말합니까?

아내로서 해야 할 것은 2가지로 요약됩니다.

1. 남편의 리더십을 인정해야 합니다.

"아내들아 남편에게 복종하라"고 하였습니다. 아내는 남편에게 복종하기로 결정해야 합니다. 여기에서 복종한다는 말은 누군가 다른 사람의 권위 아래 기꺼이 자신을 놓는다는 뜻입니다. 오늘날의 아내들에게는 남편에게 복종하라는 이 말씀이 좀 불편하게 들릴지도 모릅니다. 남편에게 복종하라는 말은 아내가 남편보다 열등하다는 의미가 아닙니다. 우리가 어떤 목적을 위해서 누군가의 지도력 아래에 들어간다고 해서 반드시 그 사람보다 열등하게 되는 것은 아닙니다.

> 고전 11:3 "그러나 나는 너희가 알기를 원하노니 각 남자의 머리는 그리스도요 여자의 머리는 남자요 그리스도의 머리는 하나님이시라"

성자 하나님은 성부 하나님보다 열등하신 분이 아닙니다. 성자 하나님은 성부 하나님과 동등하시고 함께 영원하신 분입니다. 그러나 우리를 구원하시기 위해서 성자 하나님은 성부 하나님께 복종하셨습니다. 그래서 우리가 천국에 들어갈 수 있게 되었습니다.

남편이 아내의 머리라고 하신 것은 우리 가정의 질서를 말하는 것이지 우열을 말한 것이 아닙니다. 남편들은 아내의 복종을 강요할 수 없습니다. 아내의 자발적인 복종에 의해서 남편의 리더십이 세워지는 것이지 억지로 강요한다고 남편의 리더십이 세워지지 않습니다. 어떤 경우에는 남편의 위압적인 자세가 자녀들에게나 하나님 앞에서 역겨운 모습이 될 것입니다.

반면에 모든 신앙의 아내들은 결혼할 때 '내가 이 사람에게 영적인 리더십이 있다는 것을 인정할 것인가' 하고 자신에게 진지하게 물어보아야 합니다. 여러분의 구주이신 예수 그리스도에게 복종하기를 결정하는 것 다음으로 중요한 결정은 여러분이 앞으로 평생 여러분의 남편에게 복종하기로 결정하는 것입니다.

이것은 제가 남자이기 때문에 남편들의 손을 들어주는 것이 아닙니다. 또는 여러분의 남편이 그것을 원하기 때문에 말하는 것도 아닙니다. 이것은 하나님께서 원하시는 것입니다. 아내들은 남편의 리더십을 인정해 주어야 합니다. 그것이 하나님이 원하시는 것입니다. 아내가 남편의 리더십을 인정해 주어야 남편이 리더십을 발휘할 수 있습니다.

존 맥스웰(John Maxwell) 목사님은 이렇게 말했습니다.

"여러분이 리더십을 발휘하고 있는지를 알려면 여러분은 뒤를 돌아보면서 누군가가 여러분을 따르고 있는지를 확인하세요. 아무도 여러분을 따르고 있지 않으면 여러분은 그냥 혼자서 산책을 하고 있는 것입니다."

아내 여러분, 아무도 여러분이 남편에게 복종하도록 만들 수 없습니다. 여러분이 자발적으로 남편에게 복종해야 합니다. 여러분이 자발적으로 남편의 리더십을 인정해야 합니다.

어떤 부인이 자기 남편이 리더십을 발휘하도록 도와주고 있었습니다. 자기 남편이 의사소통을 더 잘하도록 도와주고 있었습니다. 그 부인은 친구들과 유럽 여행을 갔다가 집으로 전화를 했습니다.

"우리 고양이는 잘 있어요?"

그러자 남편이 말했습니다.

"고양이가 죽었어."

그때 아내가 말했습니다.

"여보, 그런 일을 그렇게 솔직하게 말하면 어떡해요? 그런 얘기는 좀 천천히 이야기해야지요. 당신이 지금 내 여행을 망쳐버렸잖아요."

그러자 남편이 말했습니다.

"그럼 어떻게 하란 말이야?"

아내가 설명을 했습니다.

"당신은 지금은 고양이가 지붕에 올라가 있다고 말하는 거예요. 그리고 내가 파리에서 전화하면 '당신은 고양이가 상태가 안 좋은가 봐. 잘 움직이지를 않아' 하고 말하는 거예요. 그리고 내가 런던에서 전화하면 당신은 '고양이가 병들었어' 하고 말하고, 내가 인천공항에서 전화하면 '고양이가 지금 동물병원에 있어' 하고, 집에 도착하면 그때 '고양이가 죽었어'라고 말하면 되잖아요."

그제서야 남편은 아내의 말을 알아듣고 "그래, 알았어. 다음번에는 그렇게 할게요"라고 말했습니다. 그때 아내는 무심코 말했습니다.

"엄마는 잘 있지요?"

그러자 남편이 한참 동안 말을 안 하더니 대답했습니다.

"당신 엄마는 지금 지붕에 계셔."

남편들이 처음에는 리더십이 조금 서툴더라도 아내들의 인정과 도움을 통해 점점 더 나은 리더가 되어 갈 것입니다.

2. 남편의 리더십을 키워주어야 합니다.

아내는 '어떻게 하면 남편을 더욱 높여줄 수 있을까?'를 스스로 물어보아야 합니다.

당신은 누군가를 존경하지만 그 사람의 의견과는 다른 의견을 가질 수 있습니다. 당신은 누군가를 존경하면서도 당신의 의견을 이야기할 수 있습니다. 존경하면서도 그 사람과는 다른 입장에 설 수 있습니다. 그러나 만일 당신이 여러분의 남편을 공적으로나 사적으로 비하하는 말을 한다면 당신은 남편을 존경하지 않는 것입니다.

남편이 실수하고, 잘못된 결정을 내리고, 좋은 직장을 잃어버리고, 당신을 실망시키는 행동을 해도, 여전히 남편을 존경할 수 있습니다. 이것은 중요합니다. 남편을 존경하는 이유는, 남편의 태도나 성공 때문이 아니라, 남편이라는 지위 때문입니다.

군대에서 상관에게 복종하는 것은, 그 사람의 계급 때문이라기보다는 그 사람의 지위와 역할 때문입니다. 아내더러 남편에게 복종하라고 하신 것은 남편이 그럴 만한 자격이 있기 때문이 아니라 남편이라는 지위와 역할 때문입니다.

예를 들어보겠습니다. 남녀가 데이트를 합니다. 그런데 남자가 "우리 오늘은 중국집에 가서 짜장면을 먹읍시다"라고 말했습니다. 그때 여자가 말합니다.

"싫어요. 짜장면 살쪄요. 싫어요."

그러니까 남자가 말합니다.

"한번 먹는다고 살이 얼마나 찔까? 난 오늘 짜장면 먹을래."

그러면 여자가 뭐라고 하겠습니까?

"그러면 당신 혼자 가서 짜장면 많이 먹어요. 나는 집에 가서 밥 먹을 거예요."

이렇게 말할 것입니다.

결혼하기 전에는 남자가 여자에게 자기에게 복종하라고 요구할 권한이 없습니다. 결혼식에서 서약을 하기 전에는 여자가 자기가 원하는 대로 할 자유가 있습니다. 그러나 결혼식에서 서약을 한 후에는 상황이 달라집니다. 그 남자는 가정의 리더가 됩니다. 아내는 남편의 리더십을 인정하고 그 리더십을 키워주어야 합니다.

"아니, 목사님. 그러면 남편이 바보 같은 결정을 내려도 그냥 모든 일에 복종하라는 말입니까?"

그렇습니다. 성경은 그렇게 말합니다.

"아내들아, 남편에게 복종하라. 이는 주 안에서 마땅하니라."

남편이 주님의 뜻에 어긋나는 것을 요구하지 않는 한 남편의 뜻을 따라 주어야 합니다. 아내의 머리가 남편이고, 남편의 머리는 그리스도입니다. 그러므로 남편이 그리스도의 뜻과 어긋나는 것을 요구하면 아내는 따를 수 없습니다. 그러기에 남편은 주님의 뜻이 무엇인지를 잘 생각하고 아내를 이끌어야 하고, 아내는 그런 남편을 따라야 합니다.

만일 아내가 남편에게 복종하지 않으면 하나님이 싫어하시고 남편도 싫어할 것이고 아이들에게도 그런 태도가 이어질 것입니다. 아이들은 엄마가 하나님이 주신 권위에 복종하지 않고 반항하는 것을 보고 있습니다.

오늘날 많은 아내들이 남편 역할을 잘하지 못하는 남편에게 복종하지 않는 것은, 그들의 아버지가 엄마에게 남편 역할을 잘하지 못하는 것을 보았고, 그래서 엄마가 남편에게 복종하지 않는 것을 보았기 때문입니다. 그런 태도가 유전적으로 이어집니다.

물론 남편의 책임이 큽니다. 남편이 하나님이 말씀하신 대로 겸손한 마음으로 아내를 사랑하는 것은 우리의 자녀가 후일에 자기 아래에 있는 이들을 사랑하는 것을 가르쳐주는 것이고, 아내가 남편을 하나님의 말씀대로 존경하는 것은 후일에 우리 자녀가 자기 위에 있는 이들을 존경하는 것을 가르쳐 주는 것이 됩니다.

그것은 우리 인생에 중요한 교훈입니다. 아랫사람이 되는 법과 윗사람이 되는 법을 배워야 합니다. 우리가 자녀에게 먼저 아랫사람이 되는 법을 가르쳐 주어야 윗사람이 되는 법도 가르쳐 줄 수 있습니다.

권위에 복종하는 것을 배우지 못한 사람은 어떻게 권위 아래 있는 사람을 이끌고 나가는지를 배울 수가 없습니다. 그런데 그런 교육은 가정에서부터 이루어집니다. 우리 가정이 영적으로 건강하고 질서 있는 가정이 되어야 합니다.

본문 20절을 보면 "자녀들아 모든 일에 부모에게 순종하라 이는 주 안에서 기쁘게 하는 것이니라" 했습니다. 아내가 남편의 리더십을 인정하고 기회가 있을 때마다 그 리더십을 격려해 주는 것을 보고 자라난 우리의 자녀들은 어떻게 권위에 복종하고 어떻게 그 권위에 응답하는지를 배우게 됩니다.

저는 교회의 담임목사로서 교회의 인정을 받아야 하고, 당회원들의 인정을 받아야 하고, 함께 동역하는 분들이나 성도들의 인정을 받는 지도자가 되어야 합니다. 그러나 그 누구보다도 제가 꼭 인정을 받아야 할 사람이 있다면 그 사람은 바로 저의 아내일 것입니다. 제가 집에서 아내의 인정을 받지 못한다면 저는 아무것도 아닙니다. 그리고 여러분도 마찬가지입니다.

앞서 "아내에게 사랑을 실천하십시오"에서 남편은 겸손하게 아내를 사랑해야 한다는 말씀을 드리면서 한 주간 동안 사랑을 실천해 보라고 숙제를 내드렸습니다. 남편 여러분, 사랑을 실천하셨습니까? 사랑을 실천하지 못한 분도 나름대로 고민은 많이 하셨을 것입니다.

저 역시 어떻게 사랑을 실천해야 할까 생각하다가 3일간 휴가를 내고 여행을 갈 생각을 했습니다. 그런데 날짜를 보니 연말까지 딱 3일밖에 없었습니다. 아내에게 서프라이즈로 "어느 주간, 목금토에 우리 여행 갑시다"라고 말했습니다. 그랬더니 돌아오는 반응이 "당신 분명히 여행 가서도 설교 준비한다고 방에만 있을 거 아녜요? 보나마나 뻔하니까 안 갈래요"라고 하였습니다. 그럴 만도 합니다. 제가 아내와 여행을 갈 때는 대개 무슨 수련회나 교회 모임이고, 설교 준비하느라 방에만 있고 산책 한번 가지 못하니 여행이 별로 기대가 되지 않을 것입니다. 그래도 설득해서 다녀와야 하겠습니다.

이제는 아내들에게 숙제를 내드리겠습니다. 남편에게 물어 보세요. "제가 앞으로 당신에게 복종하는 아내가 되고 싶은데 내가 어떻게 하기를 원하세요?"

그런데 그냥 물어보면 진지하지 않으니까, 어느 날 저녁 남편이 퇴근했을 때 따뜻한 물을 준비해서 발을 닦아 주면서 "여보, 제가 앞으로 당신에게 복종하는 아내가 되고 싶은데 어떻게 하기를 원하세요?"라고 물어 보십시오.

여러분, 우리의 가정에서 남편과 아내의 관계, 부모와 자녀와의 관계는 먼저 주님과의 관계에서 오는 것입니다.

> 골 3:18 "아내들아 남편에게 복종하라 이는 주 안에서 마땅하니라"

우리가 주 안에 있을 때 마땅히 우리의 남편을 높여 주는 마음을 갖게 됩니다.

> 골 3:20 "자녀들아 모든 일에 부모에게 순종하라 이는 주 안에서 기쁘게 하는 것이니라"

우리가 주님 안에 있을 때에 주님을 기쁘시게 하기를 원하고 부모에게 순종하는 마음을 가지게 됩니다.

《삶의 처방전》(Prescriptions For Living)이라는 책에 이런 이야기가 실렸습니다. 어떤 젊은 부인이 유방암에 걸려서 기도하는 중에 사랑의 능력에 대해 더 깨닫게 되었습니다. 이 부인이 자라날 때 부모님이 알코올 중독의 문제를 가지고 있었고 부모로부터 학대를 많이 받으며 자라나서 원망하는 마음이 많았습니다.

그런데 이 부인이 암과 싸우게 되었을 때 자신의 삶의 태도를 바꾸기로 결심했습니다. 비록 부모님이 자기에게 상처를 많이 주었지만 부모님을 사랑해야 되겠다고 마음먹었습니다.

딸이 아프기 때문에 친정엄마가 와서 집안일을 거들어 주게 습니다. 아침마다 딸이 출근할 때 엄마에게 "I love you"라고 말했습니다. 그래도 엄마는 아무 대답도 하지 않았습니다.

3개월의 시간이 지난 어느 날, 그날은 출근 시간이 좀 늦어져서 바쁘게 나가는데 엄마가 문 밖에 나와서 소리쳤습니다.

"너, 잊어버렸어!"

그때 딸이 "뭘요?" 하고 물었습니다.

"오늘은 사랑한다고 말하지 않았잖니."

그 순간 딸과 엄마는 서로를 얼싸안고 흐느껴 울었습니다.

그 순간 두 사람의 마음에 치유가 이루어지고 있었습니다.

주님은 우리를 위해 십자가에 달리셨습니다. 우리를 위해 피를 흘리시고 죽기까지 우리를 사랑하셨습니다. 그 사랑으로 구원받은 우리는 그 사랑으로 주님을 사랑하고, 가족을 사랑하고, 성도들을 사랑할 때에 우리의 삶에 샬롬이 임하게 될 것입니다. 그런 축복이 우리 모두에게 임하기를 주님의 이름으로 축복합니다.

큰 것을 작게, 작은 것을 크게 하시는 하나님

스가랴 4:6-10

⁶그가 내게 대답하여 이르되 여호와께서 스룹바벨에게 하신 말씀이 이러하니라 만군의 여호와께서 말씀하시되 이는 힘으로 되지 아니하며 능력으로 되지 아니하고 오직 나의 영으로 되느니라 ⁷큰 산아 네가 무엇이냐 네가 스룹바벨 앞에서 평지가 되리라 그가 머릿돌을 내놓을 때에 무리가 외치기를 은총, 은총이 그에게 있을지어다 하리라 하셨고 ⁸여호와의 말씀이 또 내게 임하여 이르시되 ⁹스룹바벨의 손이 이 성전의 기초를 놓았은즉 그의 손이 또한 그 일을 마치리라 하셨나니 만군의 여호와께서 나를 너희에게 보내신 줄을 네가 알리라 하셨느니라 ¹⁰작은 일의 날이라고 멸시하는 자가 누구냐 사람들이 스룹바벨의 손에 다림줄이 있음을 보고 기뻐하리라 이 일곱은 온 세상에 두루 다니는 여호와의 눈이라 하니라

하나님은 창조주 하나님이십니다. 하나님이 창조주시라는 것은 하나님은 아무것도 없는 데서 모든 것을 있게 만드시는 분임을 의미합니다. 하나님은 아무것도 없는 데서 이 우주를 만드셨습니다. 우리에게는 그것이 너무나 엄청난 일이지만 창조주 하나님에게는 그것은 쉬운 일이었습니다. 하나님은 그저 말씀으로 이 세상을 만드셨습니다.

창조주 하나님이 우리를 놀라게 하는 또 한 가지는 하나님은 아무것도 아닌 사람을 들어서 무언가 위대한 일을 하게 하신다는 것입니다. 하나님은 Nobody를 Somebody로 만드시는 분입니다. 그리고 Somebody를 Nobody로 만드시는 분입니다.

하나님은 큰 것을 작게 만드시는 분입니다. 그리고 작은 것을 크게 만드시는 분입니다. 하나님의 위대하신 능력은 세상의 크고 위대한 것을 아무것도 아닌 것으로 만드시고, 세상의 작고 약한 것을 크고 위대한 것으로 만드십니다.

본문 스가랴서 4장 6절을 보면 만군의 여호와께서 이렇게 말씀합니다.

> "이는 힘으로 되지 아니하며 능력으로 되지 아니하고 오직 나의 영으로 되느니라"

여기에서 "이는"이라고 한 것은 포로생활에서 돌아온 이스라엘 백성들이 성전을 건축하는 일을 말합니다. 그들이 바벨론 포로생활을 마치고 70년 만에 예루살렘으로 돌아와 보니 모든 것이 파괴되고 땅은 황폐해져 있었습니다. 그들은 모든 것을 처음부터 다시 시작해야 했습니다. 그들의 집을 다시 지어야 했고 예배할 성전을 지어야 했고 성벽도 다시 세워야 했습니다.

그들의 지도자는 스룹바벨이었습니다. 그는 백성들을 조직해서 성전을 재건하려고 했습니다. 그러나 일을 시작하자마자 그들은 낙심하게 되었습니다. 일할 수 있는 사람도 너무 부족했고 건축할 재료도 없었고 이전의 성전을 생각해 볼 때 그들이 세울 성전은 너무나 빈약했습니다. 거기다 그 지역의 주민들인 사마리아인들은 성전 건축 사업을 결사적으로 방해했고 사람들이 그 일에 가담하지 못하게 했습니다. 이스라엘 백성들은 실망하고 낙심하여 성전 건축을 포기하려고 했습니다.

이때 하나님은 스가랴 선지자를 통해서 말씀하셨습니다.

"이는 힘으로 되지 아니하며, 능력으로 되지 아니하며, 오직 나의 영으로 되느니라."

그 일은 하나님의 영으로 이루어질 것이라는 것입니다. 오직 하나님의 영으로 되어질 것이므로, 우리가 할 일은 기도하는 말입니다. 그 일은 인간의 노력으로 될 일이 아니라 하나님의 성령님이 도와서 될 일입니다.

하나님은 그 일을 계획하셨습니다. 하나님은 그들이 70년 만에 돌아올 것을 계획하셨고 그들이 다시 이스라엘 나라를 재건할 것을 계획하셨습니다. 그들은 다시 예루살렘에 돌아와서 성전을 재건하고 성벽을 다시 쌓을 것입니다. 그것은 하나님의 계획이었기 때문에 반드시 이루어질 일입니다.

그 일을 방해하는 것이 큰 산과 같을지라도, 그것은 평지와 같이 될 것입니다.

> 7절 "큰 산아 네가 무엇이냐 네가 스룹바벨 앞에서 평지가 되리라 그가 머릿돌을 내놓을 때에 무리가 외치기를 은총, 은총이 그에게 있을지어다 하리라 하셨고"

성전을 재건하는 일은 스룹바벨이나 그의 백성들에게 도저히 올라갈 수 없는 큰 산이었습니다. 그들의 힘으로는 성취할 수 없는 일이었습니다. 그러나 하나님에게는 힘든 일이 아니었습니다. 하나님은 그 산을 평지로 만들어 버리셨기 때문에 스룹바벨은 하나님의 도우심으로 성전을 재건할 수 있었습니다.

이 말씀은 스룹바벨에게만 해당되는 말씀이 아닙니다. 하나님은 오늘 우리에게도 같은 말씀을 주십니다. 하나님은 오늘 우리가 만나는 큰 산에 대해서도 걱정하지 말라고 하십니다. 하나님은 우리의 큰 산도 옮겨 주실 것입니다. 스룹바벨의 큰 산을 평지로 만드신 것처럼 오늘 여러분 앞에 놓여 있는 큰 산도 얼마든지 평지로 만드시는 하나님입니다.

우리가 하나님께 전심으로 기도하며 우리 자신의 능력에 의존하는 것이 아니라 하나님의 능력에 전적으로 의지할 때 하나님은 큰 산을 평지로 만드십니다. 불가능을 가능으로 바꾸어 주십니다. 하나님은 큰 것을 작은 것으로 만드십니다.

성경을 읽어 보십시오. 하나님은 계속해서 큰 것을 작게 만드셨습니다. 하나님은 홍해를 가르시고 그 사이에 마른 땅으로 이스라엘 백성들이 안전하게 걸어가게 하셨고 그 다음에는 그 홍해를 다시 합쳐서 쫓아오는 애굽의 군대가 그 물에 다 빠져 죽게 만드셨습니다.

하나님은 수십 년 동안 빵과 고기가 하늘에서 내려오게 하셔서 이스라엘이 굶어죽지 않게 하셨습니다. 하나님은 절대로 무너지지 않는다고 여겨졌던 여리고 성벽을 무너뜨리셨습니다. 하나님은 악한 군대가 구름처럼 몰려와 이스라엘을 위협할 때에 그들을 물리쳐 주셨습니다.

하나님의 아들은 이 세상에 오셔서 병자들을 고쳐 주셨습니다. 소경의 눈을 뜨게 하시고 죽은 자를 일으키셨습니다. 그리고 그의 십자가와 부활을 통해서 온 인류가 죄 사함을 받을 수 있는 길을 열어 놓으셨을 때 가장 큰 산을 평지로 만드셨습니다.

어떤 이가 말한 것처럼 하나님에게는 한 죄인을 회개시키는 일이 바다를 가르는 일보다 더 수고로운 일입니다. 하나님은 큰 것을 작게 만드십니다. 누가복음 18장 27절에서 예수님은 말씀하셨습니다.

> ⇨ "이르시되 무릇 사람이 할 수 없는 것을 하나님은 하실 수 있느니라"

그동안 우리는 우리의 삶을 회복하시는 하나님에 대해 묵상하며 기도해 왔습니다. 하나님은 우리의 삶에 샬롬을 회복하시는 하나님이십니다.

오늘 여러분의 큰 산은 무엇입니까? 오늘 여러분의 삶에 불가능해 보이는 일이 무엇입니까? 질병입니까? 재정문제나 사업문제입니까? 너무나 큰 슬픔을 견딜 수 없습니까? 여러분의 결혼생활이 파탄에 이르렀습니까? 혹은 우울증이 너무 심하여 이기기 어렵습니까?

지금 여러분 앞에 큰 산이 놓여 있다면 이 말씀을 들으세요. 하나님에게는 불가능이 없습니다. 여러분 앞에 아무런 길이 없을 때에 하나님은 새 길을 만드실 수 있습니다. 우리의 삶에 너무나 큰 문제가 있어도 하나님은 그것을 작게 만드시는 하나님입니다. 하나님은 큰 것을 작게 만드실 뿐 아니라 또 작은 것을 사용해서 큰일을 하시는 분입니다.

⇨ 9절 "스룹바벨의 손이 이 성전의 기초를 놓았은즉 그의 손이 또한 그 일을 마치리라 하셨나니 만군의 여호와께서 나를 너희에게 보내신 줄을 네가 알리라 하셨느니라"

스룹바벨과 그의 백성들은 아무 힘도 없었습니다. 가진 것도 없었습니다. 포로에서 돌아온 그들에게 성전 건축의 일은 쉬운 일이 아니었습니다. 아니 거의 불가능한 일이었습니다. 그러나 하나님은 그들을 통해서 그 일을 완성하실 것입니다.

성경을 보면 하나님이 하라고 하시는 일은 대개가 쉬운 일이 아니었습니다.

하나님이 모세를 부르실 때, 그는 미디안 광야에서 양을 치고 있었습니다. 그런데 하나님은 모세에게 양 몇 마리를 더 기르라고 말씀하지 않았습니다. 너는 바로에게 가서 내 백성을 애굽에서 이끌고 나오라고 하셨습니다.

하나님이 노아에게 방주를 지으라고 하셨을 때, 그 일은 노아가 본 적도 없고 들어본 적도 없는 일이었습니다. 거기다 하나님은 모든 종류의 생물들을 짝을 지어 방주로 들어가게 하라고 하셨습니다.

하나님이 아브라함에게 고향을 떠나서 내가 지시할 땅으로 가라고 하셨을 때, 아브라함은 어디로 가는지도 모르고 남의 나라 땅으로 들어가야 했습니다.

바울이 이방인들에게 복음을 전하라고 부르심을 받을 때, 그의 앞에는 엄청난 박해가 기다리고 있었습니다. 그는 가는 곳마다 전도하다가 도망을 쳐야 했고 감옥에 갇혀야 했습니다.

우리는 하나님의 일에 적합하지 않다고 생각합니다. 우리는 너무나 부족해서 하나님의 일을 감당할 수 없다고 생각합니다. 그러나 하나님은 너의 힘으로가 아니라, 너의 능력으로가 아니라 나의 영으로 그 일이 이루어질 것이므로 믿음을 가지라고 말씀합니다.

후에 스룹바벨 성전은 완성되었습니다. 오늘도 하나님은 하나님의 일을 이루어 나가십니다. 우리는 기도해야 합니다. 그리고 믿음으로 하나님이 하시는 일에 동참해야 합니다.

⇨ 10절 "작은 일의 날이라고 멸시하는 자가 누구냐 사람들이 스룹바벨의 손에 다림줄이 있음을 보고 기뻐하리라 이 일곱은 온 세상에 두

> 루 다니는 여호와의 눈이라 하니라"

여기의 일곱 눈은 스가랴서 3장 9절에서 말씀한 여호와의 눈을 말합니다. 하나님의 눈이 스룹바벨의 하는 일을 바라보고 있으니 작은 일의 날이라고 멸시하지 말라고 말씀합니다.

하나님은 약한 자가 작은 일을 하는 것을 통해서 큰일을 하시기 때문에 작은 일이라고 무시하지 말고 섬기라고 하십니다. 하나님은 작은 것을 가지고도 큰일을 하실 수 있습니다. 작은 것이라도 하나님이 함께하시면 큰 것이 됩니다.

하나님은 모세의 지팡이를 사용하셔서 이스라엘 민족이 홍해를 건너게 하셨고 수많은 기적이 일어나게 하셨습니다. 하나님은 다윗의 물맷돌을 사용하셔서 거인 골리앗을 넘어뜨리셨습니다. 예수님은 보리떡 5개와 물고기 2마리로 5000명 이상을 먹이셨습니다.

하나님의 손에 들려지면, 작은 것이라도 큰 것이 됩니다. 하나님의 손에 들려지면, 작은 자라도 큰일을 성취할 수 있습니다.

하나님은 자식 하나 없는 노인을 선택하셔서, 그들의 후손이 하늘의 별처럼 바다의 모래처럼 많게 하셨습니다.

하나님은 노예로 팔려간 한 소년을 사용하셔서 애굽 나라를 다스리게 하실 뿐 아니라 이스라엘이 큰 민족을 이룰 수 있게 하셨습니다.

하나님은 강물에 버려진 한 아기가 바로의 공주에게 구출되게 하시고 후일에 그를 통해서 이스라엘을 애굽에서 나오게 하셨습니다.

주님은 배우지 못한 12명을 사용하셔서 온 세상을 변화시키셨습니다. 하나님은 작고 보잘것없는 것을 가지고 큰일을 하시는 것을 좋아하십니다.

우리의 능력이 얼마나 작은가는 문제가 아닙니다. 중요한 것은 우리의 하나님이 얼마나 크신가 하는 것입니다. 우리가 섬기는 하나님은 전능하신 하나님입니다. 우리는 하나님을 신뢰해야 합니다.

여러분, 하나님이 작은 자를 사용하여 큰일을 하신다는 사실은 오늘 우리에게 어떤 의미를 가집니까?

세상에서 너무 작거나 너무 능력이 없어서 하나님이 위대한 하나님 나라의 일을 맡길 수 없는 사람은 없다는 말이 됩니다. 하나님은 오히려 겸손하고 교만하지 않은 사람, 약하고 강하지 않은 사람을 더 좋아하십니다.

헨리 블랙커비(Henry Blackaby) 목사님은 "만일 여러분이 약하고 부족하고 너무나 평범한 사람이라면 여러분은 하나님이 쓰시기에 가장 적당한 사람입니다"라고 말했습니다.

전에 사도 바울은 하나님께 그의 약한 것을 좀 제거해 달라고 간구했습니다. 그것을 사도 바울은 '육체의 가시'라고 했습니다. 그런데 그때 하나님이 뭐라고 대답하셨습니까? "내 은혜가 네게 족하도다. 왜냐하면 내 능력은 약한 데서 더 온전해지기 때문이다"라고 하셨습니다.

그때 사도 바울은 '나의 약한 것을 자랑하겠다'고 말했습니다. 내가 약하기 때문에 그리스도의 능력이 내게 머물 수 있다, 내가 약하다는 사실을 나는 기뻐한다, 내가 약할 그때에 내가 강하기 때문이라고 말했습니다. 사도 바울은 이 원리를 깨달았습니다. 자신이 약하기 때문에 오히려 그에게 능력을 주시는 그리스도를 통해서 모든 것을 할 수 있다는 사실을 깨닫게 되었습니다.

> 고전 1:27-29 "그러나 하나님께서 세상의 미련한 것들을 택하사 지혜 있는 자들을 부끄럽게 하려 하시고 세상의 약한 것들을 택하사 강한 것들을 부끄럽게 하려 하시며 하나님께서 세상의 천한 것들과 멸시 받는 것들과 없는 것들을 택하사 있는 것들을 폐하려 하시나니 이는 아무 육체도 하나님 앞에서 자랑하지 못하게 하려 하심이라"

우리가 하나님 나라를 위해서 큰일을 한다는 것은 우리의 능력에 달린 문제가 아닙니다. 그것은 우리의 약함에 달린 문제입니다. 저와 여러분이 얼마나 약하고 얼마나 작으냐에 달린 문제입니다.

중국의 내륙전도의 창설자이고 근대의 선교운동의 창설자인 허드슨 테일러는 이렇게 말했습니다.

"하나님이 나를 불러서 중국으로 보내실 때 하나님은 그렇게 말씀하셨을 것이다. '이 사람은 아주 약한 인간이구나. 그래서 해낼 수 있을 거야.'(This man is weak enough, he will do)"

신앙인의 위대한 능력은 우리 자신의 연약함을 알고 하나님의 능력을 전적으로 의지하는 데서 나옵니다. 우리가 우리의 전적인 실패를 하나님께 고백하는 순간에 우리는 하나님의 도우심이 필요함을 알게 될 뿐 아니라 하나님께서 하나님의 크고 위대한 일을 위해서 나에게 능력을 주신다는 사실을 깨닫게 됩니다.

다시 본문 6절 말씀으로 돌아가 보겠습니다.

> ⇨ "만군의 여호와께서 말씀하시되 이는 힘으로 되지 아니하며 능력으로 되지 아니하고 오직 나의 영으로 되느니라"

큰 산이 평지가 되게 하고 불가능한 일이 가능한 일이 되게 하는 것이 무엇입니까? 그것은 우리의 강한 힘이나 능력이 아니라 오직 나의 영이라고 했습니다. 하나님이 주시는 성령님이 우리와 함께 계시고 우리를 도와주실 때 우리는 하나님이 계획하신 모든 일을 이루어 나갈 수가 있습니다.

오늘 우리에게 필요한 것은 성령님의 능력입니다. 성령님이 우리와 함께하시면 우리에게 주신 모든 가능성이 실현될 것입니다.

기드온은 하나님의 부르심을 받고 이스라엘을 침략해 온 13만 5천 명의 미디안 군대에 대항하기 위해서 이스라엘 군대를 모집했습니다. 하나님은 기드온을 부르실 때 기드온의 등을 두드리시면서 "자 기드온. 너는 할 수 있어. 너는 네 자신의 힘을 믿어야 해, 너는 할 수 있어" 이렇게 말씀하지 않았습니다. 하나님은 기드온에게 이스라엘 군대의 숫자를 줄이라고 말씀하셨습니다. 그래서 기드온이 모은 3만 2천 명이 만 명이 되었다가 나중에는 300명으로 줄었습니다. 기드온은 그 300명을 데리고 미디안 대군과 전쟁하러 나갔습니다.

이는 무엇을 말하는 것입니까? 그 전쟁은 이스라엘이 싸운 전쟁이 아니었다는 것입니다. 그 전쟁은 하나님이 싸우신 전쟁이었습니다. 기드온이 훌륭해서 이긴 전쟁이 아니었습니다. 하나님의 영이 임한 기드온이 하나님만을 의지하고 나아갔을 때 무기도 없고 군사도 없었지만 하나님이 이루어주신 승리였습니다.

여러분, 우리가 하나님의 일을 하기에 너무 작은 것이 문제가 아니라 너무 큰 것이 문제입니다. 하나님은 언제나 연약한 사람을 통해서 놀라운 일을 이루시기 때문에 하나님이 찾으시는 사람은 위대한 크리스천이 아니라 하나님을 전적으로 믿고 의지하는 신앙의 사람입니다. 자신의 영광을 나타내려고 하지 않고 하나님의 영광만을 나타낼 수 있는 사람을 찾으십니다.

어떤 때 하나님은 우리를 하나님만을 의지할 수밖에 없는 자리로 이끌고 가십니다. 그리고 하나님의 은혜로 우리가 전적으로 하나님을 의지할 수 있음을 가르쳐 주십니다. 우리는 하나님을 떠나서는 우리가 아무것도 할 수 없고 하나님 안에서는 모든 것을 할 수 있음을 배우게 됩니다. 하나님은 지극히 작은 자를 통해서 큰일을 이루신다는 사실을 알게 하십니다.

20세기 초반에 조지 워싱턴 카버(George Washington Carver)라고 하는 뛰어난 흑인 과학자가 있었습니다. 그때만 해도 미국에서 흑인들은 천대받고 멸시받는 사람들이었습니다. 위대한 신앙의 사람이요, 하나님의 종이었던 카버 박사는 어느 날 기도를 했다고 합니다.

"하나님, 저에게 우주의 비밀을 가르쳐 주십시오." 그때 하나님이 대답하시더랍니다.

"그것은 너에게 너무나 큰 주제다. 너는 땅콩 하나를 취하라. 너에게는 그게 적당한 사이즈다. 그리고 땅콩을 연구하라."

그래서 그는 땅콩을 연구하기 시작했습니다. 그는 땅콩의 325가지의 다양한 용도를 발견하게 되었습니다. 하나님은 단순하고 겸손한 그를 통해서 많은 것을 밝혀 주셨습니다. 그는 미국 남부지방의 산업에 큰 영향을 미쳤습니다. 남부지방의 수많은 흑인들에게 신앙적인 면에서 크게 영향을 주는 위대한 하나님의 종이 되었습니다.

여기에 우리의 희망이 있습니다. 우리는 하나님 앞에서 지극히 작고 연약한 자들입니다. 그러나 하나님은 우리를 통해서도 위대한 하나님의 일을 성취하실 수 있습니다. 그것이 하나님이 원하시는 것입니다.

그런데 기드온의 승리 이야기에서 주목해야 할 말씀이 있습니다. 그것은 사사기 6장 33절의 "여호와의 영이 기드온에게 임하시니"라는 말씀입니다. 기드온은 불과 300명으로 13만 5천 명과 싸우러 나갔지만 그에게는 하나님의 영이 임해 있었습니다. 그것이 중요합니다. 하나님의 영에 감동된 한 사람이 이끄는 300명은 하나님 없는 13만 5천 명을 무찔러 이겼습니다.

구약시대에는 하나님의 영이 그렇게 특별한 때에 특별한 개인에게 임해서 역사했습니다. 그러나 신약에 와서 오순절 날 성령이 강림하셔서 그때부터는 모든 성도에게 성령이 임하게 되었습니다. 왜 성령님이 강림하셨습니까?

⇨ 행 1:8 "오직 성령이 너희에게 임하시면 너희가 권능을 받고 예루살렘과 온 유대와 사마리아와 땅 끝까지 이르러 내 증인이 되리라 하시니라"

그것이 성령님이 임하신 이유였습니다.

그들에게 성령님이 임하셨을 때 그들은 능력 있는 전도자가 되었습니다. 그들은 담대한 증거자들이 되었습니다. 베드로 사도가 한 번 설교할 때 3천 명이나 회개하고 예수를 믿었습니다. 신약에서 성령이 임하신 이유는 성도들에게 전도할 수 있는 능력을 주어서 많은 영혼들을 구원하시기 위함입니다.

성령님이 임하시면, 우리는 능력을 받게 됩니다. 우리 중에 어떤 사람도 우리 자신의 능력만으로는 하나님이 우리에게 맡겨 주시는 사역을 할 수 없습니다. 그 일은 우리 안에 성령님이 계실 때 할 수 있는 일입니다.

하나님은 저와 여러분에게 무한한 잠재력을 주시고 엄청난 가능성을 주셨지만 그 가능성은 성령님이 우리 안에 계실 때 실현될 수 있는 가능성입니다. 우리가 성령님을 온전히 의지할 때 다음의 3가지 면에서 우리의 잠재력이 발휘될 것입니다.

1) 사랑할 수 있는 능력입니다.

우리 중에 어떤 사람도 다른 사람을 완전히 사랑하는 사람은 없습니다. 우리 모두는 나중에 후회할 말을 하거나 후회할 일을 할 때가 있습니다. 우리는 모두 실수를 합니다. 그러나 우리가 성령님을 온전히 의지할 때 다른 사람을 진심으로 사랑할 수 있는 능력을 주십니다. 성령님은 우리가 다른 사람을 판단하거나 비판하는 대신 주님의 사랑의 마음으로 가지고 그들을 격려하고 선대하도록 우리를 이끄십니다. 그런 사랑의 능력을 주십니다.

2) 온전히 순종할 수 있는 능력입니다.

우리 모두는 하나님의 뜻에 온전히 순종하지 못합니다. 우리 자신의 능력만으로는 하나님이 말씀하신 그대로 순종하지 못할 때가 많습니다. 그러나 성령님은 우리가 온전히 하나님께 순종하도록 도와주십니다. 하나님께서 말씀하시는 것이 나의 육신을 즐겁게 하는 것이 아닐 때에도 하나님의 뜻에 따르고자 하는 마음을 주시고 신속하게 주님의 말씀에 순종하도록 도와주십니다.

3) 하나님과 신령한 교제를 나눌 수 있게 됩니다.

우리 모두는 영적 생활이 충분하지 못합니다. 우리는 모두 좀더 기도해야 하고 조금 더 찬송생활을 해야 하고, 좀더 감사해야 하고, 조금 더 성경을 읽어야 한다고 생각합니다.

그런데 성령님은 우리가 더 하나님과 시간을 가지고 싶은 열망을 주시고, 하나님을 찬양하는 마음을 주시고, 우리 마음에 하나님의 말씀대로 살고 싶은 열망을 주십니다.

한마디로 성령님은 우리가 하나님의 뜻대로 살 수 있는 능력을 주십니다. 하나님이 우리에게 주신 잠재력을 가지고 하나님이 계획하신 일을 이루어나갈 수 있는 능력을 주십니다.

우리가 성령으로 충만해지면 그동안 힘으로도 능력으로도 되지 않던 일이 하나님의 능력으로 이루어지게 될 것입니다. 우리가 성령으로 충만하면 사랑의 능력, 순종의 능력을 가지게 되고 주님과 더욱 깊은 교제를 가지게 될 것입니다. 그러므로 우리 모두에게는 영적인 부흥이 필요합니다.

캠벨 모간(Campbell Morgan) 목사님은 부흥에 대해 이렇게 말했습니다.

"부흥은 우리가 만들 수 있는 것이 아니다. 그러나 하나님이 하나님의 백성을 다시 한 번 움직이려고 하실 때 우리는 천국에서 불어오는 바람을 맞이하기 위해 우리의 배를 띠울 수 있다."

우리는 부흥을 일으킬 수 없습니다. 설교한다고 해서 부흥이 임하지 않고, 찬양한다고 기도한다고 부흥을 오게 할 수 없습니다. 부흥은 오직 하나님만이 내리실 수 있습니다.

하나님은 창조의 하나님입니다. 그리고 하나님은 회복하시는 하나님입니다. 하나님은 큰 것을 작게 만드시고 작은 것을 크게 만드시는 분입니다. 오늘 우리 앞에 아무리 큰 산이 놓여 있더라도, 하나님은 그것을 평지로 만드실 수 있습니다. 우리가 할 일은 하나님께 도움을 요청하는 것입니다.

⇨ 렘 33:3 "너는 내게 부르짖으라 내가 네게 응답하겠고 네가 알지 못하는 크고 은밀한 일을 네게 보이리라"

하나님의 사랑과 능력, 그리고 회복하시는 은혜를 체험하시길 바랍니다. 큰 산이 평지가 되는 하나님의 은혜와 능력을 체험하시기 바랍니다. 우리 모두가 성령으로 충만하게 되는 은혜가 가득하기를 주님의 이름으로 축원합니다.

당신은 건강하십니까?

1판 1쇄 인쇄 _ 2017년 2월 20일
1판 1쇄 발행 _ 2017년 2월 25일

지은이 _ 림형석
펴낸이 _ 이형규
펴낸곳 _ 쿰란출판사

주소 _ 서울특별시 종로구 이화장길6
편집부 _ 745-1007, 745-1301~2, 747-1212, 743-1300
영업부 _ 747-1004, FAX 745-8490
본사평생전화번호 _ 0502-756-1004
홈페이지 _ http://www.qumran.co.kr
E-mail _ qrbooks@gmail.com/qrbooks@daum.net
한글인터넷주소 _ 쿰란, 쿰란출판사
등록 _ 제1-670호(1988.2.27)
책임교열 _ 김유미·송은주

ⓒ 림형석 2017   ISBN 978-89-6562-987-0 93230

책값은 뒤표지에 있습니다.
이 출판물은 저작권법에 의해 보호를 받는 저작물이므로 무단 복제할 수 없습니다.
파본(破本)은 구입처에서 교환해 드립니다.